〔韩国〕孔元国 著

高文丽 译

第七卷 战国七雄

春秋战国

上海三联书店

主要登场人物

吴起（？—前381）

　　本书的主人公，战国初期杰出的战略家、改革家。吴起是卫国人，曾依次出仕于鲁国、魏国、楚国。曾经帮助魏文侯开拓了西河地区，在打压秦国方面建立了赫赫功勋。但魏文侯死后，吴起受到诬陷流亡至楚国。在楚国得到楚悼王的任用，担任令尹一职，野心勃勃地推行强化王权、牵制贵族权力的法家改革，但改革再次因楚悼王之死而受挫，吴起也惨遭杀害。作为一名兵法家，他与孙子比肩，留下了《吴起兵法》，还曾经对商鞅、韩非子等后世的法家改革家产生了深远的影响。

魏文侯（前445—前396年在位）

　　魏国的改革君主，任用了吴起、李悝等人才，开创了战国初期魏国的全盛时期。他一贯推行西进政策，并与韩国、赵国维持了友好的关系。他任用法家改革派追求富国强兵的同时，还重用了一些儒士，司马迁评价魏文侯时曾说："是时独魏文侯好学。"魏文侯是本书的主人公吴起的绝对支持者。

楚悼王（前401—前381年在位）

　　任用并破格提拔从魏国流亡到楚国的吴起为令尹，试图进行大胆的法家改革。但楚悼王在改革走上正轨之前就死了，因此他没有看到改革的成果。楚悼王死后，吴起的改革也流产了。

魏惠王（前369—前319年在位）

　　因曾出现在《孟子·梁惠王》中而广为人知。魏惠王违背了吴起和祖父魏文侯制定的三晋联合原则，在左冲右突之中让强大的魏国走上了衰落的道路。魏惠王向西败给商鞅，向东大败于孙膑，打破了以魏国为中心的战国体系。就是这样一位能力不足的君王，却统治了魏国相当长的时间，这更加速了魏国的衰落。

李悝（前 455—前 395）

吴起同时代的人物，魏文侯的左膀右臂。李悝制定了成文的法典，在田制、税制等许多方面推行了重大的改革。他提出了促进农业生产、增产政策，倡导"尽地力之教"；制订了由国家掌管谷物出纳的"平籴法"，成为后来中国古代国家经济政策的标本；留下了刑罚典籍《法经》，对后世的法学家产生了深远的影响。李悝还帮助魏文侯起用了吴起，并对商鞅变法产生了巨大的影响。钱穆曾评价说商鞅的改革来自吴起与李悝。

孙膑（？ — ？ ）

商鞅同时代的人物，曾在魏国遭受膑刑，后到齐国成为一名战略家。在桂陵之战和马陵之战中连续击退了魏国大军，大大削弱了魏国的实力。著有《孙膑兵法》。

商鞅（约前 390—前 338）

与吴起一样，商鞅也是卫国人，并经由魏国到秦国出仕。他帮助秦孝公进行了一场被称为"商鞅变法"的法家改革，这场变法的成功进行让秦国成为天下无双的强国。商鞅变法的核心是"农战"，这是商鞅从吴起与李悝那里学到的。作为一名战略家，商鞅也有出众的能力，曾经两次趁魏国在东方作战之时，夺回了被吴起占领的西河。只是商鞅性情残暴，在他拥戴的秦孝公死后，迎来了悲惨的结局。

目　录

写在战国时代前

1. 投身历史旋涡中的鲁莽之举

　　战国是多事之秋，也是鹬蚌相争，渔翁得利的时代。那么在战国的舞台上，谁是鹬，谁是蚌，谁又是胜券在握的渔翁呢？在列国相争的过程中，各国都绞尽脑汁使出浑身解数，结果是有胜有败。

　　在战国时代落下帷幕的时候，一些富有智慧、头脑敏锐的人曾提出了这样一个问题：渔翁如今何在？他在重新结网吗？或者在等待鹬蚌再次相争？眼前的利益有可能会成为将来的危害，眼前的苦难也有可能会成为后来的果实。甜美的果实有可能会腐烂，或是成为野猪的美餐，然后新的嫩芽会诞生在腐烂的果实和野猪的粪便之中。总之，随着时间的流逝，利益与危害会泾渭难分。如今，战国已经过去了两千多年的时间，我们真的还能客观地去描绘那个变幻莫测的时代吗？

　　在整理战国时代历史的时候，笔者曾徘徊于自信和怀疑之间。历史必然是谎言的记载，而史学家则是操纵这些谎言的人。为什么这么说呢？因为谋杀别人的人不会说真话，而被谋杀的人已经没办法开口说话了，所以现在留给我们的只不过是活下来的人的谎言罢了。如果期待一位史学家留下的都是真话，未免过于天真了。

在整理春秋时代历史的时候，笔者尚且有《春秋左氏传》可以参考，因为《春秋左氏传》是相对弱小的鲁国留下来的记载，并按照严格的年代顺序整理了历史事件，但战国时代却没有类似的能够在史学界独树一帜的著作，只有一些驳杂的历史记载。而且面对同样的一段历史，这些史书的作者往往会用自己的观点做出不同的阐释，甚至有时连事实的描述都各不相同。让史学家们尤为惶惑的作品就是《战国策》，我们究竟应当怎样去看待它呢？承认它是一部史书吗？或者说它只是一部道听途说的野史？有鉴于此，笔者打算多多参考《史记》，可《史记》也是参考《战国策》写成的。因此，在大批的新资料被发掘出来之前，我们还不能丢弃《战国策》。这种缺点让我们在描绘战国时代时，必然要借助想象与推测。当我决定借助想象与推测时，心里产生了几分自信，这固然很好，可笔者也常常受到良心的警告，担心这种做法会不会让原本已被歪曲了的史实雪上加霜。

不管怎样，人类已经顺利发展到了今天，战国时代也已经随风而逝。那么，我们能否不必跃入滚滚洪流之中，直接到对面的山坡上去眺望远处的风景呢？答案是不可以。要抵达对面的山坡，必须经过这条湍急的河流。笔者的文字有可能会侮辱志士之死，有可能会成为罪恶的遮羞布，也有可能会基于一些歪曲的记载得出错误的结论。但错误是无法避免的，笔者能做的只有将记载与阐释明确区分开来。我相信先人会理解我的，因为事实已消逝在风中，我们所能够寻觅的也只有一些模糊的踪影罢了。

那么，让我们跃入这条湍急的河流，心中满怀着这样的期待：也许有那么一瞬间，我们可以踏着溅起的浪花，从稍远的地方俯视这段激流。可以说，对历史所有的阐释都是鲁莽的挑战，但这种挑战也是让历史进步所必需的"冒犯"。

2. 战略视角下的战国——根深叶茂的大树不会随风摇摆

我们先来总结一下这段历史的脉络。

战国初期"三家分晋"愈演愈烈。晋国分裂为韩、赵、魏之后，各国势力虽不及以前的晋国强大，但由于魏国伟大的君主魏文侯出面团结三晋，让三晋维持了同盟关系，牵制了秦国。战国初期伟大的改革家吴起帮助魏文侯推行法家改革，但魏文侯死后吴起的改革也宣告流产。

吴起改革失败之后，三晋各自为政，秦国便趁机迅速发展壮大了起来。良好的开端是成功的一半，商鞅正是这样一位为秦国奠定发展基础的改革家。秦国在商鞅变法之后日益强大，又联合晋国、齐国等不与自己接壤的国家，不停变换同盟政策，攻打其他国家，揭开了混战时代的序幕。秦国通过连横策略分散六国的力量，不断壮大自己，在它晋级绝对强国之后，震惊的六国才匆匆忙忙结成了反秦同盟，秦国与六国对立的局势由此形成。但是六国其实各有打算，需要各寻活路，因此他们的同盟实际上是同床异梦，不堪一击，恰好秦国任用了战神白起，逐一攻打东方各国。当白起在长平屠杀了四十万赵国将士以后，六国便再也不敢明目张胆地与秦国作对了，这时大局基本上已经确定。

后来燕国刺客荆轲意图刺杀秦王，但仅凭匹夫之力既无法拯救濒临灭亡的国家，也不能阻挡秦国统一天下的历史潮流。最终，魏国、楚国、燕国、齐国依次为秦国所灭，秦国建立了中国历史上第一个大一统的政权。可惜的是，秦国虽有称霸战国的能力，却没有统治帝国的能力。终于，陈涉等人再也不愿意忍受秦国的苛政，怒吼出"王侯将相宁有种乎"的质疑，举起反抗秦朝的大旗，山东一带全部揭竿而起背叛秦国。

在后来的楚汉争霸之中，项羽和刘邦为争夺崩塌的帝国而相互征战。当项羽草率地处死投降者时，刘邦却安抚了疲惫的百姓；当项羽承袭秦国制度时，刘邦却与老百姓约法三章。总之，刘邦适时地按下了战国时代法家潮流的阀门，提出了新时代的理想，得到了人们的拥护，成为统一帝国的掌权人。在目睹了战国时代的分裂和秦朝的残酷统治之后，汉朝的统治阶级在统治时特别注重理念与实际的结合。

历史脉络梳理起来容易，但真的要展开具体论述，却发现其中的故事盘根错节，令人迷惘。昨天的同志忽然成为今天的敌人，明明胜利在即，却转瞬失败。而且在整理过程中，笔者发现更困难的一点是，战国七雄的纷战错综复杂、变幻莫测，一个事件往往与另一个事件重叠，无法用单纯的因果关系来说明。有些事情虽表面上看似会让一国获利，实际上却让这个国家受损；有些战争看起来像是打赢了，但实际上却是败局。因此我们需要不停地梳理事件前后左右的关系，深入到事件中去，将其中的一些状况进行分类，而这项工作也是说来容易做来难。

但我们没有必要怯懦，因为在这些纷繁复杂的事件背后，总有一股确定无疑的潮流在涌动。太史公马迁在创作《史记·六国年表》时所留下的一句话因而更显得意味深长，他说："（战国）凡二百七十年，著诸所闻兴坏之端，后有君子，以览观焉。"

笔者孜孜不倦多日解读《史记·六国年表》，才忽然明白了太史公的苦心，以及他对我们这些愚昧后人的无量恩德。笔者虽没有成为君子的资质，却用自己愚笨的脑袋冥思苦想，终于理解了太史公所指的头绪。

接下来我们就通过一个比喻来解读太史公的教诲。在一个名为中原的园子里，有七棵大树在竞相生长。大树生长得很快，园子很快就变得拥挤了，七棵大树甚至到了要相互争夺地盘的地步。究竟哪棵大树可以压倒其他大树独占鳌头呢？这七棵大树的比喻将会成为理解战国时代局势的钥匙。

树根是国之根本，树干是战略，树枝与树叶则是战术。所谓的国之根本也是政治的根本，指的是百姓的支持。战略是战争和外交指南，指的是稳定国家的方案。所谓的战术指的是在战斗中将领为取得胜利绞尽脑汁想出的主意。本末倒置的大树最终会枯死，歪歪斜斜的树木最终长不成参天大树。在懂得了大树这个比喻之后，我们就可以提出一个这样的问题："六国是自己灭亡的呢，还是被秦国消灭掉的呢？是楚汉颠覆了秦国呢，还是秦国自己灭亡的呢？"

最初大树的根须都是差不多的，战国时代的大树忙于相互竞争，没有人会想到搬迁根须，随着树干的生长，大树之间的优劣毕现。树干必须向天空生长，有的大树为了追赶早上的阳光便向东倾斜，为了追赶傍晚的阳光便向西倾斜，这样的大树是长不高的。为了盖过其他的大树，树干必须坚定地向上生长。在七棵大树之中，只有秦国从未改变过向上生长的战略，并始终如一地贯彻了这一战略。最初魏国也曾笔直生长，后来却在中途被打乱，而改变了这一策略。

本卷要讲述的正是魏国这棵大树变弯的原因。韩国、赵国的树干一直都是任意向东西南北弯曲的，这是因为树干没有能够完成自己的使命。齐国的树干虽粗，却长歪了，而楚国并不重视树干是否向上生长，只关注于开枝散叶，因此没能长高。然后忽然有一天，秦国这棵大树高耸入云，几乎遮盖了所有的阳光，下面的六国便为了那透过缝隙洒下的星星点点的阳光而互相争斗。与培养树干的战略相比，战场上的胜负与谈判中的得失都只不过是细枝末节的斗争罢了。燕国就是如此，它过于关注枝叶的斗争，而忽略了树根与树干的生长之路。

既然秦国拥有高耸入云的树干和覆盖大地的树枝，并最终让六国枯死，但为何很快又被汉朝取代了呢？这是因为秦国的根本，也就是大树的根须腐烂掉了。国家的根本也是政治的根本，正是这种根本决定着百姓是否会追随这个国家。而人们追随的，是能够保障他们生命安全，让他们生活更加富足的国家。秦国在肆意征战的过程中，根本没有空去顾及根须的重要性。战国时代的秦国提出了"战胜有赏""以战止战"的理念，人们有的被眼前的利益所迷惑，有的则为了后代而追逐理想，甘愿忍受痛苦。当这棵大树独自屹立于庭院之中的时候，需要去多多扎根吸收营养，结出果实，可它不，仍然在向狂风怒吼的苍穹生长，这难道不是对大树本性的违背吗？世间所有独自屹立的大树都不会仅顾着向上生长，它们会向四周开枝散叶，也会向下深深地扎根。忽视了树木的这种本性，不顾孱弱的根须，光忙着长高，最终会让它弱不禁风。

只要抓住了根本，就可以在变幻莫测的时代屹立不倒。反之，如果舍本逐末，在几十年，甚至是几年之内就会遭遇劲风的袭击。可很多国家却忙着制订权宜之策，把小到战略，大到国之根本全都抛之脑后，只顾着追逐那些似乎唾手可得的利益。孟子曾拜见梁惠王，梁惠王说："老先生，您不远千里而来，一定有对我的国家有利的高见吧？"孟子便反问梁惠王："何必说利呢？"孟子的回答值得我们去品味。

攻击的根本是什么呢？只有在自己具备绝对的威力，能确保战争胜利时才可以去攻打别人。防守的根本又是什么呢？只相信自己，怀着必死的信念团结一致。战场之上没有别的目的，追求借刀杀人与渔翁之利的人最终都会搬起石头砸自己的脚。侥幸获得的东西容易失去，这是我们人生在世要明白的道理。外交的真谛是什么呢？不要四面树敌。明明没有什么力量却企图远交近攻，稍微有一点力量就与四邻为敌，这么做最终会让自己的国家陷入孤立无援的境地而灭亡，而很多国家就是以这种方式灭亡的，就像稍纵即逝的烟花。因此，只要坚持攻守的根本，就不会遭遇大的失败，即便有一天遭遇了失败，也绝对有机会东山再起。

个人与国家一样，也需要经营自己的生活。乱世之中，人们如果不去叩问生活的根本，大限将至之时就会后悔莫及。战国时代的特殊环境造就了许多英雄人物，有的人想抓住生活的一切，与时代进行了妥协；而有的人则仅抓住了生活的一角，与时代进行了不懈的斗争。

但他们当时所取得的业绩和自己对生活的期望却往往大相径庭。

统一天下的策划者李斯在临死之前曾经对儿子感叹："吾欲与若复牵黄犬俱出上蔡东门逐狡兔，岂可得乎！（我想跟你一起牵着大黄狗到上蔡东门去打兔子，还能够办得到吗？）"而战国末期意图刺杀秦始皇的刺客荆轲，在上路之前跟朋友道别时曾慨然道："壮士一去兮不复还！"

李斯曾策划了灭六国的大计并独揽秦国大政，而荆轲只是北方小国燕国的刺客，他们的生活有任何可比性吗？但临终之前究竟谁的言辞更加心灰意冷，谁的言辞更加痛快淋漓呢？我希望诸位读者在阅读战国故事的时候，不仅要注意观察经营国家的战略，也要关注个人人生的经营策略。无论开头如何，只有结局美好才算是真正美好的人生。

3. 人们生活的缩影——以《招无名魂赋》抚慰众生

在笔者看来，描写战国的史书最严重的问题就是冷酷无情，把那个时代的人们描写为视人命如草芥，却忘记了我们现代的人正是他们的后代。

大部分人活着的目的并不是为了成为历史的牺牲品，以父母、儿女、妻子、丈夫、兄弟姐妹的身份度过一段美满的人生才是民众的期盼。可是从大部分史书的记载来看，似乎那个时代只生活着意志坚定的英雄豪杰，而他们的存在也是为了完成历史使命。几乎没有哪部著作是站在一位参加战争的普通士兵，或是从事农业生产的农民、从事商品买卖的商人的立场上去观察历史发展的。虽然记载历史的权利被知识分子和统治阶级所掌控，但创造历史的的确是被统治的人们。我们在著述论说时，必须要从这些记载的字里行间，寻觅当时的人们生活与欲望的踪影，否则我们不过是在照搬历史罢了。如果一本历史著作只让人记住了一些残忍的手段，或让人失去了对人类的热爱，那么其本身就是有害的。

那么，我们究竟应该怎样去填补历史的空隙呢？那些在历史上没有留下任何记载的无名氏的生活，应当怎样去探寻呢？约瑟夫·康拉德《黑暗之心》里的一段话可以给我们在阅读战国的历史时带来一些启示："仔细想来，这个世界所谓的征服，是对更加顺从的人的一种掠夺，这些行动实际上并不是那么美丽。对于这种并不美丽的行动，能够替它赎罪的只有想象而已，而且是毫无私心的想象。"

在天马行空的想象之中，来到那些在历史中备受折磨的人们内心，除此以外，我们别无他法替历史记载向这些人赎罪。想到那些无名氏会再次因为笔者的无能受到伤害，故而笔者首先要献祭一首赎罪之赋，在描写战国时代的同时，借此抚慰那些无名英魂的伤痛。

招无名魂赋

岁在甲午敬汗青，吟赋赎罪呈衷怀。
东国居士有孔某，吉日昭祭引灵台。
滔滔大河东流去，森森汉江西逝来。
一脉相承礼义同，东西江河汇黄海。
自当华夏诞生日，即与东国似孔怀。
清酌庶羞备香烛，恭候诸位临祭台。
休责晚生不自量，凭吊众神天眼开。
珠泪下坠水凝聚，情义升腾清气霭。
上下同怀点点泪，唱和淋漓声声哀。

但为今日谋一面，滥觞入海踟蹰行。
长平山坡举目望，瞻仰卌万赵壮丁。
泛舟汉水丹江上，缅怀廿万南楚兵。

8

攀登龙门敬薄酒，廿四万魂韩魏生。
新安大地附耳听，廿万秦将诉心声。
四方亡灵齐聚拢，今日招魂聚群英。
燕丹易水别壮士，慷慨悲歌人涕零。
河套长城哭绝塞，数万黔首埋其中。
可怜稚子逢厄运，黄河决水大梁城。
前尘旧事今重提，说与东国苍生听。

礼至呼唤再稽首，虔诚祈祷速感应。
夏日晴空乌云布，狂风大作雨如注。
千万灵魂闻声动，铺天盖地接踵赴。
衣衫褴褛着敝屣，断矛折戟破帽护。
战士英魂乘战车，马中箭伤车轴裂。
见妇幽魂当泣血，怀里婴孩瘦如柴。
壮丁灵魂负父骨，其子头颅在包袱。
凄呼厉叫纷纷至，惨状万千不忍视！

趋前执手细端详，鲜血涌动犹在腔。
气息仍在恍如生，令人沉痛愈哀伤。
切切言辞难全录，泪水迷蒙湿纸张。
悲恸令吾几窒息，血液凝滞停流淌。
哽咽声声皆是情，恨无长笺记周详。
但念后会遥无期，奋笔疾书录衷肠。
黄发妇孺并将士，怨念纷纷吐胸腔。
恰似黄河水决堤，华山绝巘崩于前。
故事如潮汹涌至，河水含悲亦凝滞。
往事历历犹如昨，敢请诸君侧耳听。

环视一番众惨相，有位衣着尚整齐。
魏国官印佩腰间，曾任重臣肃语气：
"南辕北辙方向错，车马愈捷愈偏离。
进谏寡君非正途，唯闻其答奋马蹄。
直言不讳方向错，唯闻其复再扬鞭。
西方猛虎欲袭来，东方豺狼争夺鸡。
东方欺凌西方掠，小国生存无缝隙。
齐国泱泱号万乘，强秦飘扬虎狼旗。
两国夹攻腹背击，岂敢奢望能胜利？
一只狸猫对双虎，弱强分明悬殊极。
向西惨遭商君欺，入东鼓掌孙膑戏。
寤寐辗转不安宁，时时能见此情景。
休言君禄富无忧，为宦实乃苦差事！"

诉罢叹息在其旁，丰容伟仪大人相。
头戴峨冠显尊贵，腰佩官印气轩昂。
玉佩交鸣声玎玲，金器错杂音铿锵。
出类拔萃乃何人？原是堂堂秦宰相。
音容笑貌似曾识，近问身份求恰当。
"莫非大人乃李斯？"点头称是有主张：
"黄河之水不能西，离弦哪有回头箭？
帝秦覆灭因何起？咎由自取无怨言。
欲使天下无征战，唯有干戈能回天。
妇人之见休再提，一统江山绝烽烟。
分庭抗礼汝辈晓，合并大道却难瞻。
山东关中相交通，白越胡貊土地连。
丰功伟绩平天下，若无大秦待何年？
请勿再说秦残暴，铁血止战靠强权！"

旁边出列一老汉，手执网笭上前言。
髋骨凸露惹梦魇，胫腓磨损森森然。
声泪俱下悲控诉，闻者心间如霜寒：
"达官贵人莫妄言，岂知百姓心黯淡。"
老者原是韩国人，战地工匠泪涟涟。
且听老人畅倾诉，方知小国生存艰：
"东方后生侧耳来，听我老汉一席谈。
皆云白起为勇将，孙膑多智人人赞。
百姓方为国之本，军队手足工匠焉。
若无手足善工事，勇智双全亦难展。
宜阳铁山深难测，全靠工匠采矿产。
日进矿洞十余次，扑跌倒地二十番。
冶炼好铁制兵刃，劣铁铸犁耕农田。
今朝老匠失足跌，明日青工摔仰面。
开渠引来洛黄水，灌溉荒野成良田。
今日稻网刚蹭坏，明日萩兜又磨断。
粮仓亦为工匠建，年岁丰稔稻谷满。
仓中稻谷半食鼠，另有半数供人餐。
哪管道路多迂回，铺平栈道供车辇。
巍乎险阻车难通，马径牛路要畅然。
倘使马牛亦难行，单人负重需过关。
工匠不辞辛劳苦，辟修道路千百转。
犀牛铠甲穿兵身，夏热冬冷苦难堪。
鳞片铠甲着卒体，十步出汗百步叹。
两丈长戟一丈戈，革车犹如大门般。
冲车周身似房屋，攻城云梯像坡山。
样样出自工匠手，不分昼夜把工赶。

徒劳受苦何所用？余生只剩恨与憾。
一朝粮道被切断，交通上党如登天。
脚夫将粮囤河畔，泪骂工匠生咒怨：
'修道莫非用秫秸？或将路基烂泥填？
口哨一响如灰飞，呼啸一声即崩坍。
若累吾子身战死，工匠当受刀斧刑！'"
恰逢工匠欲申冤，牢骚不断叹不停。
但见士卒出声立，敢请工匠勿再语。
身负赵字谓阿谁？满面尘土何所为？
自云身埋在长平，原是赵营子弟兵。
年纪轻轻赴戎机，哭诉哀哀揪心痛。
踌躇满志离故土，犹记父亲细叮咛：
"妻儿翘首父已老，定要珍重保性命。
巍巍太行险且阻，廉颇将军尤足信。"
儿愿为赵开疆土，归期定在岁末前。
昏君信谗驱老将，纸上谈兵用书生。
徒劳无功急冒进，太行路断粮难通。
老父捶胸又顿足，泣不成声泪纵横：
"千里负重来此地，可怜吾儿将饿毙！"
彼有承诺不杀降，丢弃刀枪保生存。
出尔反尔违道义，生殉活埋丧人伦。
呜呼雄赵好男儿，卌万将士竟入坟。
平原君子非真智，冥眴亡见目昏沉。
孰谓白起真名将？坑杀战俘人神愤！

有妇怀抱乳下婴，乳房干瘪儿饥馑。
逢人遽问夫安在，婴孩之父何处寻？
无情水湮大梁日，可怜母子齐丧身。

阵阵呜咽不忍听，声声哀号怎堪闻！
权借香火抚情殇，聊以薄酒慰怨魂。
坎坷扑地休难过，挫折跌倒莫伤神。
草木枯荣千百度，长江流淌鉴古今。
世事纷争终休战，中原江湖早沉沦。
尔等幻作众神祇，御风飞升绝红尘。
青山常在水长流，风吹云动展经纶。
漫步徜徉且安息，伏维尚飨悟玄真。

东方渐白天欲亮，幽幽魂魄去无影。
唯我难舍杯中酒，漠漠一夜流乾坤。

前　言

1. 意志坚定的战略家吴起

　　本卷的主人公是战国时代杰出的改革家、战略家吴起，而魏国则为吴起提供了施展抱负的舞台。秦国史书《吕氏春秋》中记载了吴起离开西河时所说的一段话，他原本奉命治理西河，此时却受人诽谤被魏王召回。

　　吴起回头遥望西河，眼泪一行行流了下来。他的车夫说："我私下观察您的心志，您把舍弃天下看得像扔掉鞋子一样，如今离开西河，却潸然泪下，这是什么缘故呢？"吴起回答说："你有所不知。如果君主了解信任我，让我尽自己所能，那么我凭着西河就可以帮助君主成就王业，如今君主听信了小人的谗言而不信任我，西河被秦国攻取的日子不远了，魏国从此就要被削弱了。"

　　西河究竟是怎样的地方，竟然让一位七尺男儿留下悲伤的眼泪呢？黄河的流向在兰州发生了巨大的变化：它先是向北弯曲，然后遇到阴山山脉再次流向南方。在黄河抵达龙门之前，左右都是险峻的断壁巉岩，东西形成了自然的屏障。此处难以乘船越过，而且即便越过，也难以用战车突击，更难找到适合驻军的地方。况且这里路途遥远、地形起伏巨大，很难运输粮草，但沿黄河经过龙门之后，再走几十里地，左右会忽然出现一片沃野平畴。

吴起的任务就是在黄河和洛水之间这片方圆几十公里的平地上，进行农业耕作，同时训练军队。这片土地就像进出关中的咽喉，秦国不可能绕过它而东进，而且有了它，秦国也绝对不敢觊觎魏国的首都安邑。但吴起在这片土地上耗尽心血不仅仅是出于防守的目的，他认为魏国可以以这片土地为基础，消灭秦国。他明白只要消灭了秦国，战国时代就会随之结束。吴起的五万精兵可谓战无不胜。通过历史记载来看，吴起曾经七十六次与秦国作战，其中有六十四次取得了完胜，由此可知吴起的军事才能。吴起坚守西河，同时进行农耕，充实粮仓，这让秦国焦虑不安，于是秦国便沿着洛水挖了一条长长的战壕，并修建城池以备战事。因为秦国很担心吴起率领战车部队沿着渭水北方的平原攻打自己。"以西河为基础图谋天下"，这正是吴起的战略。

吴起之所以能够在魏国施展抱负，是因为战国初期最伟大的君主之一魏文侯为他提供了平台。他全面支持吴起，让吴起专注于西方战线，而在东方和南方则推行一贯的友好政策，这就是吴起与魏文侯的战略。假如魏文侯能够再多活十年，吴起能够继续留在西河，统一的秦帝国还会诞生吗？笔者几乎可以确信，统一帝国的名字大概要换成魏国。

但魏文侯死后，吴起受人诽谤流亡楚国，此后魏国再也没能采取一贯的战略。魏国经常在东西两面同时作战，也经常因一时的利益而四处结盟。它忘记了自己的主要敌人是秦国，总是轻易地吞食秦国抛来的诱饵。此时魏国已经没有什么战略可言了，剩下的只是一些小战术罢了。

2. 深谙战略与法治的爱民谋士

吴起既是一位杰出的战略家，还是一位法家改革的泰斗。提到法家，人们往往会想到著名的商鞅，但商鞅变法的框架却是吴起等魏国的前辈搭建的，商鞅只不过将他们制订好的框架原封不动地进行了挪用罢了。商鞅在魏国时研究了吴起的政策，然后来到秦国推动法家改革。商鞅变法的核心是"农战"，这种边耕种边作战的策略就是吴起在西河所创造的。本书将会清楚地揭示出商鞅的确是吴起的彻底追随者。

赏罚规定分明，将剩余的土地分给老百姓，强化君主权力，削弱贵族和宗亲的势力，这些都是商鞅从吴起身上学来的。这样来看，吴起实际上是商鞅的政治导师。但吴起与商鞅的天性却截然不同，吴起曾经这样游说楚国的君主："贵国有余的是土地，不足的是百姓。然而如今君主却削弱不足、加强有余，臣没有施展手脚的办法。"

吴起虽是一位身处最前线的司令官，需要指挥军队浴血战斗，但他的爱民精神却是任何法家学者所无法比肩的。他认为自己既是一位法学者，也是一位儒学者，他的军事思想与"上下同心"的墨家思想异曲同工。在笔者看来，整个战国时代，没有人能像吴起这样如此深刻地理解战略和法治的本质，像吴起这样拥有多元思想的人也很罕见。而且吴起虽足智多谋、功绩赫赫，名声却相对较低，甚至还被世人深深地误解，这样的人物也颇为鲜见。

吴起究竟为何没能受到正当的评价呢？大概是由于他为获得官职而杀妻的故事吧。他真的是一个如此冷血无情的人吗？为了出仕，甚至不惜杀死结发妻子？吴起绝对不是这样卑鄙的人，对于这个问题笔者将在正文之中详细解读。

吴起梦想帮助魏国实现称霸天下的伟业，然而却最终失败逃到了楚国，并在楚国以悲惨的结局收场。我们再来问一个相同的问题，假如楚国接受了吴起的改革，那么战国的版图会发生怎样的变化呢？

大概黄河以南的土地会全部被楚国占领，并开启南北朝时期吧。可以说，吴起所倡导的改革就是有如此巨大的潜力。

吴起失败以后，魏国在一段时间里依然怀抱称霸天下的野心。这种野心在吴起死后三十年，因吴起兵法的继承者孙膑和吴起思想的继承者商鞅而化为泡沫。吴起撒下的种子在别国的土地上生根发芽。至于吴起的梦想是如何被这些人打碎的，我们将会在本书最后的故事桂陵之战、马陵之战、商鞅变法的部分揭示。在吴起与魏文侯的梦想被孙膑挫败时，到秦国去的商鞅推行了魏国没能够完成的改革政策，并向东扩张。

我希望读者在阅读时可以对商鞅与吴起进行一些比较。他们二人的业绩虽有优劣，但主张是类似的，而他们的结局也如出一辙。但笔者并不想将他们二人放在同等的地位上，因为正如前文笔者所指出的那样，他们二人对待生活的"真诚"和对待他人的态度是不同的。

本书将会提出一些前所未有的观点或进行一些独特的阐释，至于笔者的推断是否正确，就交给读者们去判断吧。现在就让我们暂时摆脱琐碎的日常生活，跃入战国时代的大熔炉中去，跟随这位热血男儿一同感受心脏的跳动吧。

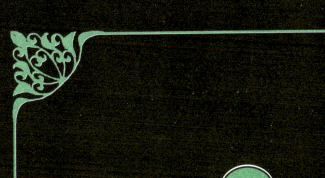

第 1 章

三家分晋

历史上，一些大家族的欲望经常会与时代潮流背道而驰，他们被利益迷了双眼，往往在需要团结时分裂，在需要友好时彼此中伤，这样的例子触目皆是，令人深感遗憾。中国历史上的战国究竟是一个怎样的时代呢？一言以蔽之，这是一个弱肉强食的时代，因此跻身强国行列便成为当时各诸侯国至高无上的目标。可当时的大国之一晋国又发生了怎样的事情呢？世族之间的征战导致晋国最终分裂成了三个小国。当所有国家都梦想成为强国时，晋国却走上了一条截然相反的道路。那么，晋国分裂成三个小国之后，命运究竟如何呢？

1. 背道而驰的晋国

　　当分裂的危险逼近晋国时，为迎接战国时代，其他国家又做了哪些准备呢？楚国被吴王阖闾攻占都城之后，很快又收复了失地，但南方霸主的地位一去不返。即便楚国的力量已经恢复，已然崩塌的声威要重整旗鼓谈何容易。于是楚国果断地舍弃了名声，转而埋头追逐实利。楚国先是占领了陈国、蔡国等名存实亡的国家，把它们变成了自己的领地，又向东占领了吴越的领土，然后沿着黄海继续北上扩张领土，最终实现了与齐国接壤的目标。在此情况下，宋国和鲁国便不得不打起十二分的精神，因为不知何时，来自楚国的祸患也许就会降临到自己头上。总而言之，楚国所采取的一系列措施都很符合战国时代的特点。

　　彼时，齐国的田氏正在为夺取姜氏的政权而紧锣密鼓地准备着。公元前484年，齐国倾举国之力在艾陵与吴王夫差大战，却遭遇惨败。中原各国看到楚、齐相继败给吴国，大为震惊。在这场战争之中，齐国的国氏、高氏等传统的大姓氏族纷纷率领族军出战，但在混战之中，中军统帅国书被俘，战车几乎全部损毁，不计其数的将领、士兵战死沙场。据《左传》记载，在这场战争之中，仅吴国交给盟国鲁国的首级就达 3000 个，800 辆革车的战利品由于难以运走，也顺势送给了鲁国。由此可知，齐国将士在这场战役之中伤亡惨重，战争装备也遭到了极大的破坏。经此一役，田氏虽也损失了一定的力量，但他们关注的焦点却在别处。笔者曾在《春秋战国·第五卷·吴越争霸》中提到，田乞对弟弟田书吐露心声时曾说："（尽全力去战斗）如果你战死了，我就可以实现我的图谋了。"

田乞所说的"图谋"就是指篡夺姜氏齐国政权，将姜氏齐国变成田氏齐国。《史记·仲尼弟子列传》中就有子贡煽动田乞之子田常与吴国作战的记载。子贡暗示，田氏可将高氏与国氏推到战场上，趁机消灭他们。田常听到这一计谋之后，高兴得几乎手舞足蹈。如果国中的巨姓在战争中消失，那么政变发动起来就容易得多了。

果不其然，艾陵之战发生不久，田常就杀死了齐国君主简公。从此，齐国便是田氏的天下了。田乞弑君，他的儿子田常再次犯下弑君的罪行，然而田氏却安然无恙。也就是说，两代人相继弑君，家族却平安无事，这本身就证明当时田氏家族在齐国已经到了一手遮天、翻云覆雨的地步。

据《史记·田敬仲完世家》的记载，田常要挟君主平公，夺取了主管刑罚之权，将鲍氏、晏氏等大姓和公族中势力较强者统统处死，其中鲍氏就是鲍叔牙一族，晏氏就是晏婴一族。从此，所有维护姜氏的势力就全部没落了。田常的封地从安平到琅琊，甚至比公室的食邑还大，他死时留下了七十多个儿子，全都被安插在了田氏辽阔的封地上。总之，在东方，齐国田氏正在逐渐蚕食姜氏，最终取而代之。田氏以战国的方式取得了国家主权，也以战国的方式推行强国政策。

此时西方的秦国则在不断地清除各种威胁因素，伺机东进。异族大荔夹在秦晋之间，暗中盘算着究竟应该依附于谁才会更加有利。

后来秦国攻打了大荔，在黄河边上挖了一条长长的战壕，准备与晋国作战。秦国还不断讨伐西方的异族义渠，以掌握他们的大本营，稳定自己的大后方，以便推行东进的计划。总之，西方的秦国正在不停地增强本国的实力，但秦国想要东进只有一种选择，那便是经过黄河与崤山之间的狭窄通道。这里地势险要，易守难攻，可谓"一夫当关，万夫莫开"。公元前628年秦兵结束东征后退之时，曾在崤山被敌人切断了后路，自此以后，秦国的历任执政者都为解决这个瓶颈问题而煞费苦心。但只要晋国存在，秦国就是机关算尽也无济于事。如今晋国的内乱似乎为解决这一问题提供了机会，因为晋国正在走上一条分裂的道路。看来，秦国只要解决西北的义渠问题就可以立刻进军中原了。

公元前460年左右，楚国、齐国、秦国都在为迎接战国时代的到来做着各种准备，可晋国却在背道而驰。晋国的公室已是徒有虚名，仅勉强维持了代代相传的曲沃和绛的都邑，智、赵、韩、魏等四卿几乎已经瓜分了整个晋国。然而四大家族的贪婪并没有止境，赵氏倾覆了范氏、中行氏之后，竟然不打算将他们的土地归还给公室，而是准备结党瓜分。

此时的晋出公只是一位有名无实的君主，对于这样的僭越行为，他只能选择睁一只眼闭一只眼。晋出公偷偷地向齐国和鲁国派去了使者，想向他们两国寻求协助，并让使者传话："我们合力去征讨四大家族吧！"

然而这一计划事前败露，四大家族反而联合起来袭击了晋出公，将他赶出了晋国。因此，晋出公流亡至齐国（公元前457年），而四卿则迎立了一位新君主，他便是晋哀公，但这位借助臣子的力量登基的君主更不可能拥有任何力量。

四卿之首是智氏家族的领导人智伯瑶，他是一位精力充沛的武士。智伯瑶曾经两次率领远征军讨伐郑国，都取得了胜利，而且在瓜分范氏和中行氏财产的过程中也发挥了主导作用，所以其地位已跃居其他三家大族之上。他善于审时度势，且果决大胆、雷厉风行，力量、智谋都高人一筹，日后将会掀起晋国政治的一场轩然大波。这场风波的幸存者最终瓜分了晋国，引来了蜷缩在关中的猛虎，下面就让我们到现场去领略这段波澜壮阔的历史。

2. 才厚德薄 VS 外柔内刚

经过第一轮 PK，晋国六卿只剩下了四卿，他们仍然目无公室，忙着追逐各种利益。可是晋国如果由四大家族瓜分，每个家族所能得到的地盘是不是太小了些呢？韩、赵、魏、智四大家族的领导人之中，智伯瑶贪念尤多，他瞄准了赵氏，将赵氏作为争权夺利的下一个牺牲品。可以说在三家分晋的过程中，晋阳之战是一道分水岭。

在正式描述这场战争之前，我们先来了解一下这场战争的主人公。①首先，智伯瑶是一位怎样的人物呢？智伯瑶是一位英雄人物，在很多方面都有过人之处。智氏家族的族长智宣子想立智伯瑶为嗣卿，并四处征求别人的意见。有一次，智宣子就立嗣的问题请教同

---

① 这段故事以《国语·晋语》《史记·赵世家》《韩非子·十过》《资治通鉴》《战国策·赵策》为基础构成。这些史料中最成问题的就是《战国策》，它的内容纷繁芜杂，其中甚至包括作者的一些推测。那么，其中究竟有多少内容是可信的呢？对于这一问题，学者之间历来争论不休。秦国统一战国之后，诸子百家的著述与六国的史料大量散佚，因此司马迁在叙述战国史时也不得不大量引用《战国策》中的内容。司马迁已经看透了《战国策》的缺点，并力图避免其中的谬误，尽管如此，他仍没能避免多处重蹈《战国策》的覆辙。可见，就连司马迁都只能退而求其次地选择《战国策》，在史料散佚更加严重的今天，要将《战国策》全部舍弃，就好比让一个饥饿难耐的人放弃一个有些长毛的馒头。除了一些明确考证的部分以外，现在我们已经很难验证《战国策》的哪些部分是史实，哪些部分是姑妄之言，笔者主要根据《史记》《资治通鉴》以及常识性的标准进行判断。除了特别必要的情况以外，后文不再一一标注出处。

族的智果，却得到了一个出乎意料的答案。

智果说："我认为还不如选宵（智宣子的另一个儿子）！"智宣子则回答说："荀宵的举止面相都很凶狠。"

智果说："宵的狠在表面，而瑶则是狠在内心，内心狠毒会让国家灭亡，表面上的凶狠却没有害处。瑶有五大优点：须髯飘逸，身材高大；擅长弓箭，力能驾车；技能出众，才艺超群；能言善辩，文辞流畅；坚强果断，恒毅勇敢。"

既然智伯瑶如此天赋异禀，为何不能做智氏的继承人呢？在智果看来，智伯瑶有一个致命的缺点："瑶唯独没有仁德之心。如果他以五项长处强行统治，做不仁不义的恶事，谁能和他和睦相处？如果立瑶为继承人，智氏宗族必然有灭门之祸！"

虽然智果已经讲得很清楚了，可智宣子依然我行我素，他认为在战场上没有什么比力量与勇气更加重要，而智氏一族将来必须在激烈的竞争中胜出。智宣子还是不忍心抛弃相貌堂堂、才华出众的智伯瑶，最终还是立他为嗣卿了。智果见智宣子不听从自己的意见，便将自己支脉的智氏改为辅氏，因为他已经预感到了智氏家族危在旦夕。

而赵简子（赵鞅）又是如何选拔继承人的呢？赵简子作战时如恶狼一般凶狠，但他并非有勇无谋之辈。赵简子有二子，即长子伯鲁与次子无恤。有一天，赵简子将他们叫到跟前，分别给了他们一个竹简，上面写着日常的训诫。

但赵简子给他们竹简，绝非毫无目的。三年过去了，有一天他忽然将两个儿子叫到跟前，命令他们背诵竹简上的内容，而做兄长的不仅没有背诵出竹简上的文字，甚至连竹简都已经丢失。赵简子又命令无恤背诵，无恤立刻就背诵出了竹简上的内容，当赵简子询问竹简的去向时，无恤当场便从衣袖中拿出了竹简。无恤为人就是如此细致周到，赵简子看到了无恤的潜力，便立他为嗣卿。他认为在凭借能力赢得斗争的时期，没有必要看重长幼之序。

赵氏家族的领土之中，晋阳位于太行山脉的平原地带，邯郸则从太行山的东麓俯视河北平原，长子（上党）的两侧都有大山阻隔，南望黄河。赵简子在这些城邑上很下了一些功夫，以保赵氏无虞，其中他最重视的城邑就是晋阳。

当初，赵简子派家臣尹铎管理晋阳，尹铎动身去晋阳赴任之时曾问赵简子："主公是打算让臣去抽丝剥茧般地搜刮财富呢，还是把晋阳作为保障之地？"赵简子说："是作为保障之地。"尹铎在治理晋阳时，便少算居民户数，以减轻赋税、收买民心。赵简子后来对赵无恤说："一旦晋国发生危难，你不要嫌弃尹铎地位低微，也不要怕晋阳路途遥远，一定要把那里作为归宿。"

尹铎在减少晋阳百姓赋税的同时，将城墙增高了许多，他已经预感到了接下来要发生的事情。他认为如果将来赵氏一族发生灾难，就要以晋阳为根据地支撑下去。

公元前475年，恰好赵简子去世，谨遵父命的赵无恤会做出怎样的举动呢？

赵无恤继任卿位以后做的第一件事情就是攻打代国。代国位于今天山西省大同到河北省蔚县一带，在晋阳的正北。当时的代王是赵无恤的姐夫，当初赵简子因为重视晋阳，便将女儿嫁给了代王，与代国维持了友好关系。赵无恤果真是一位谨遵父命、行为正派的年轻人吗？

赵简子死后，赵无恤成为赵氏家族的领主，同年就巡游了北方，邀请代王一同饮酒。任谁看来，这都是一次巩固友情的宴会，代王也认为如此，但他错了。当代王酒兴正酣时，赵无恤的家臣突然拿起酒器打死了代王及其随行人员，赵军接着占领了代国的领土。对于赵国这种不顾廉耻的举动，代国始料未及，只能束手待毙。于是，代国的土地被全部纳入了赵国版图。

赵无恤的姐姐最终怎样了呢？弟弟的残酷阴谋让她失去了丈夫，无可奈何之下，她只能仰天痛哭，选择了自杀。可赵无恤对姐姐的死无动于衷，他性格果敢残忍、极善忍耐，堪与赵简子匹敌。春秋时代注重师出有名，发动战争之前往往都会向敌国送去宣战文书，像赵无恤这样暗杀一国君主的情况是极其罕见的。赵无恤认为，要包围晋阳就需要代国的土地，代国必须消失。

赵无恤既残酷，又慎重。《吕氏春秋·慎大览》中记载了他攻打北方异族时的情形。

赵无恤派新稚穆子攻打狄国，攻下了左人城、中人城。新稚穆子派使者将这个消息报告给赵无恤，当时赵无恤正在吃饭，听到这个消息以后，他的脸上露出了忧愁的神色。身边的人说："我军一下子攻克两座城邑，这是高兴的事，而您却忧心忡忡，这是为什么呢？"赵无恤说："长江、黄河涨水，不超过三天就会退落，疾风暴雨不可能整天刮、连日下。如今我们赵氏的品行还没有丰厚的蓄积，却一下子攻克两座城邑，灭亡恐怕要让我赶上了。"

赵无恤就是这样强大却不露声色，他就是将来与智伯瑶在晋阳决战的赵襄子。当力量微弱时，他可以匍匐在地，但只要一有机会，他就会不择手段地给人以致命一击，赵襄子就是这样一个冷酷的人。总之，智氏家族的智伯瑶能力出众，赵氏家族的赵无恤也出类拔萃，二人决一死战的日子马上就要来临了。

智伯瑶种种目中无人的举动已引起了其他巨族的公愤，可他仍不知检点，甚至还在酒席上侮辱别人。他继智宣子成为晋国正卿以后，便以晋国的名义驱使军队东征西讨。远征回国的路上，智伯瑶与魏氏、韩氏的族长一同饮宴，没想到他竟肆意侮辱韩康子虎（韩虎）与他的谋士段规，而段规正是韩虎最为信任的谋士。

智氏家族中有一人出面诫告智伯瑶："主公，您不提防招来灾祸，灾祸一定就会来到！"但智伯瑶却嗤之以鼻："如今，人的生死灾祸都取决于我，我不给他们降临灾祸，谁还敢兴风作浪！"那人继续劝告智伯瑶说："这话不妥。《周书》中有云：'一个人屡次三番犯错误，结下的仇怨岂能在明处，应该在它没有表现时就要提防。'贤德之人会费心地处理小事，所以不会招致大祸。现在主公在一次宴会上就开罪了人家的主君和臣相，又不加戒备，说什么'不敢兴风作浪'，这种态度恐怕不妥吧？蚊子、蚂蚁、蜜蜂、蝎子都能害人，何况是国君、国相呢！"

但是智伯瑶依然充耳不闻。

3. 智伯瑶包围晋阳

瓜分了范氏与中行氏的财产之后，智伯瑶的贪念更加膨胀，他于是依次向韩、魏、赵索要土地。[①] 智伯瑶派使者到韩国索要土地，虽打着晋国公室的旗号，实际上却是要求韩国割让土地给智氏。韩虎本想拒绝智伯瑶这个无礼的要求，但谋士段规的想法却与他不同。段规说："我们不能不给。智伯瑶贪图利益并且为人傲慢固执，他来索要土地，假如我们拒绝，他就一定会向韩国派兵，所以您最好还是给他土地。给他土地，他就会习以为常，又向别国要地，别国肯定有不听从的。假如别国不听从，智伯瑶就一定会对它用兵。这样，韩国就可以避免祸患而等待时机。"于是韩虎听从了段规的意见，为避免成为智伯瑶的靶子，把一个万户的县送给了智伯瑶。韩国的确蒙受了巨大的损失。

智伯瑶果然高兴了，又派人向魏国索地。魏宣子驹（魏驹）想不给，谋士任章[②]便问魏驹道："主公为什么不给他呢？"魏驹说：

---

① 此时三大家族已各自组建了朝廷，只是还没有获得正式承认，但此时他们家族的势力其实已经比卫国、鲁国等小国更大，应该被称呼为国家了。

② 从整体上来讲，描写这一部分的历史记载都很类似，但是名字稍有不同。本文大致遵从了《韩非子》的内容，但在魏国朝廷上发生的对话则是《资治通鉴》描写得更加生动，因此这一部分遵从了《资治通鉴》的记载。后文大致也是遵从更加详细、具体的记载。当然，记载在《国语》中的内容可信度最高，因此笔者也多加引用。

"他无缘无故来索地，所以不给。"任章说："（他无缘无故做出这种举动，我们更应该给他。）智伯瑶无缘无故强索他人的领地，一定会引起其他大夫官员的恐惧。我们给他土地，他一定会骄傲自大。他骄傲而轻敌，我们恐惧而相互团结，用精诚团结之兵来对付狂妄轻敌的智伯瑶，智氏的命运一定不长久了。《周书》说：'要打败敌人，必须暂时听从他；要夺取敌人的利益，必须先给他一些好处。'主公不如先答应智伯瑶的要求，让他骄傲自大，然后我们便可以选择盟友共同图谋，何必势单力薄地做智伯瑶的靶子呢！"

魏驹同意了任章的意见。魏国便同韩国一样，把一个有万户人家的县送给了智伯瑶。

果然不出所料，智伯瑶又派人到赵国索要蔡和皋狼的土地。蔡地究竟位于何处我们还不确定，而皋狼就是今天山西省的离石，位于晋阳西进的途中。从智伯瑶索地的举动来看，他的目的明显是牵制晋阳。站在赵无恤的立场上来看，必定会对智氏想要在那里安插封地的意图很反感。试想，当初赵无恤为了保障晋阳的安全，甚至不惜谋害了自己的姐夫。所以，赵无恤二话不说便拒绝了智伯瑶的要求，智伯瑶无缘无故索地，赵无恤本来就不可能给他，而智伯瑶竟然还指定了地盘，那就更没有商量的余地了。也许赵无恤心中早就知道，将来他与智伯瑶必有一战。

当然，赵无恤也很焦虑。据《韩非子·十过》的记载，在智伯瑶要求割让蔡和皋狼之时，赵无恤已经大抵预测到了将来事态的发展。他召来张孟谈，问他："智伯瑶的为人，表面友好而暗地疏远。他屡屡联络韩、魏，而我却不给他土地，他必然会对我用兵。现在我该到何处避祸安居呢？"

赵无恤拒绝割地给智伯瑶，智伯瑶果然大发雷霆，便准备联合韩国、魏国消灭赵氏一族。韩、魏本来就期望强大的智伯瑶能将矛头转向其他人，便立刻收起对智伯瑶的憎恨，与智伯瑶结为联盟。韩、魏的这种行为毫无信义可言，他们采取了彻底的双重行动，趁机追逐利益，这成为三晋日后典型的行为模式。在当时的社会中，每个国家都想少承担一点责任，多获取一些利益，当矛盾产生时，解决矛盾的终极办法只有战争。

正如赵简子所预料的一般，等三大家族联合起来攻打赵国时，赵无恤不得不考虑找个藏身之地。那么他究竟要逃到何处去呢？他这时的选择是极其重要的。

一位随从劝告他到东边的要塞去，这位随从说："长子城最近，而且城墙坚厚又完整。"赵无恤拒绝了随从的建议，说："百姓筋疲力尽地修完城墙，又要他们舍生入死地为我守城，谁能与我同仇敌忾？"又有一位随从提议赵无恤到河北去，依赖平原的粮食作战，他说："邯郸城的仓库很充实。"可赵无恤再次拒绝了这一提议，他说："搜刮民脂民膏才会使仓库充实，如今战争爆发又得让他们送命，谁会和我同仇敌忾？"

赵无恤最终选择去北方，想当初他不就是因重视北方才暗杀了自己的姐夫的吗？他说："我要到晋阳去，那是先主的地盘，尹铎又待百姓宽厚，人们一定能同我们同舟共济。"

于是他便到晋阳去了。

在这里我们需要重新审视赵无恤的举动。危机之中的决断至关重要，但决断之时犹如对弈，必须提前想好下一步的计划。为防御起见，赵无恤须退守到一处要塞，可怎样的要塞比较合适呢？日后他能以这处要塞为基础东山再起、进行反击，这才是合适的选择。赵无恤最终选择北方，八成是太行山的缘故。前文已多次提到，太行山南北横亘，山谷也呈南北走向，赵氏家族的根基就在晋阳、长子两座城市，以及遥望河北大平原的邯郸，而流经这三座城市的河流各不相同。晋阳位于汾水的上游，长子位于沁河的东面，邯郸则俯视着漳水，它们的地形都很有利。但这三座城市均被太行山脉隔离，邯郸和晋阳之间、邯郸和长子之间都只能靠狭窄的太行山路相连接，连接晋阳和长子的道路也是弯弯曲曲的山路。战国时代赵国的弱点就在于它的面积虽大，重要的城池却相互隔离。后来三晋之间相互征战，大本营在河南的魏国攻打赵国的邯郸之时，晋阳没能快速救援，也是这个缘故。

赵无恤要退到晋阳去，就意味着他放弃了长子，想集中赵国所有的军事力量，与其他家族决一死战。在此之前，他已为保障晋阳的安全而攻下了代地，稳定了晋阳的大后方。可如果赵无恤退守到长子去，他却无法放弃晋阳。长子的地势比晋阳更加狭窄，只要敌军封锁通往长子的所有山路，长子最终只能弹尽粮绝。因此，赵军要守卫长子，必然要肩负着同时守卫晋阳的担子。在受到联合军夹击的情况下，如果赵国再将兵力一分为二，胜利的概率就会大大降低。现在，我们并不知道当时赵氏一族的士兵数量，所以无法对赵无恤的判断做出评价。但他放弃了长子（后来的上党），就丢失了日后反击的机会。长子乃天下之咽喉，后来弱小的韩国正是凭借它才能游走于列国之间，勉强地维持了命脉。假如赵无恤没有放弃长子，而是据守长子图谋反击的话，结果又会如何呢？是否能够取得成功呢？但这种想法对于陷入绝境的人来说，似乎有些奢侈。

于是赵无恤率领随从逃至晋阳，等他来到晋阳，才知道当务之急竟然是准备战斗物资。他在晋阳城巡视一遭，发现粮仓没有积蓄，战争物资和兵器也都没有准备好，于是便召来张孟谈，跟他发牢骚说："我巡视城郭以及各种职官的储藏，都不完备，我要凭什么对付敌人？"

张孟谈说："我听说圣人治理国家，收藏全在民间而不在国家府库，努力搞好教化而不单纯修缮城郭。您不妨发出命令，让百姓留足三年的口粮，有余粮的收进粮仓；留足三年的用度，有余钱的收进宫府；剩下的闲散人员让他们去完成城郭的修缮。"

果然，命令下达之后，百姓就行动起来了，因为他们对赵氏家族的宽松治理有着切身的体会。于是，晋阳的城郭很快修缮完毕，基本物资也都准备好了，但赵无恤仍然很担忧。

他问张孟谈："我的城郭已修缮，守备已齐备，钱粮已充足，武器有余，但我没箭怎么办？"

张孟谈回答说："我听说董子（赵简子的家臣董安于）治理晋阳时，卿大夫的住处都用萩、蒿、楛、楚等植物作墙（这些都可以用来制箭），卿大夫、地方官住处的厅堂都用炼铜作柱下础石。"

于是他便命人推倒房屋的墙壁，取出柱下础石，准备好了箭。三姓联军很快就到达晋阳开始围攻，虽然赵氏与三姓联军相比有寡不敌众之嫌，但赵氏在晋阳所下的功夫奏效了。晋阳百姓有效地抵抗三姓联军足有三个月之久。这场战役眼看就要演变成一场持久战。

4. 兴于水、败于水

智伯瑶是一个想法独特、性格执拗的人，擅长使用阴谋诡计。《吕氏春秋·权勋》中记载了一个非常典型的、智伯瑶式的计谋。

这件事情发生在智伯瑶攻打中山国厹繇[1]之时。智伯瑶想攻打这个地方，却因地势险要无路可通，于是智伯瑶便想出了一个主意。他命人铸造了一口大钟，用两辆车并排装载着去送给厹繇，目的是想让厹繇修建一条攻打它时方便马车行走的道路。厹繇的君主果然削平了高地、填平了峡谷来迎接大钟，赤章蔓枝阻止厹繇的君主说："古诗说：'只有遵循确定的准则才能使国家安定（唯则定国）。'我们凭什么从智伯瑶那里得到这东西？（我们没理由得到大钟。）智伯瑶为人贪婪且不守信用（贪而无信），一定是他想攻打我们而道路不通，所以铸造了大钟，用两辆车并排装载着来送您。您于是削平高地、

---

[1] 原文是："中山之国有厹繇者"，从后面的文字来看，厹繇有君主，因此厹繇肯定是一个国家名，但是厹繇和中山国之间是什么关系呢？这个国家甚至还不具备牛车、马车行走的道路，从这一点来看，它应该是中山国的属国，或是中山国的同宗所建立的国家。

填平峡谷来迎接大钟，如此一来，智伯瑶的军队必定随之到来。"

但仇猶的君主不听他的劝告，过了一会儿赤章蔓枝再次劝谏。仇猶的君主说："大国要跟你交好，而你却拒绝人家，这不吉祥，你不要再说了。"于是接受了大钟。后来智伯瑶果真沿着这条路灭亡了仇猶。

这就是智伯瑶，先借助对方的力量修建道路，然后再消灭对方。那么这次智伯瑶又想出了什么样的诡计呢？当他看到晋阳城没有一点儿要投降的意思时，便想借助水的力量。如果决晋河之水来灌城，晋阳城还能支撑得下去吗？晋阳城虽然坚固，可从战略上来讲，城池的设计并不足以让它在大规模军队的长期围攻之下依然屹立。古代中国修建于平地上的城池大部分都是以泥土为材料、用版夯筑而成的，水灌晋阳之后，晋阳只剩下城墙头三版的地方没有被淹没。这样围困晋阳三年之后，城中居民吊锅烧饭，锅灶上甚至有青蛙跳出，百姓不仅杀马为食，甚至易子而食。百姓虽依然没有背叛赵氏，但胜败已见分晓。

智伯瑶巡视浸泡在水中的晋阳城周围，魏驹为他驾车，韩虎在旁边护卫。智伯瑶倾吐内心的感慨道："我今天才知道水可以让人亡国。"

智伯瑶无心的一句话让魏驹心里一惊，他用胳膊肘碰了一下韩虎，韩虎也踩了一下魏驹的脚。智伯瑶难道不是在说，汾水可灌魏国都城安邑，绛水可灌韩国都城平阳吗？实际上，只要智伯瑶愿意，他一样可以那么做。战争正酣之时，韩、魏已在担忧战争结束以后的事情了。

智伯瑶的顶尖谋士当然知道韩氏与魏氏并非真心帮助智氏。智伯瑶结束了与韩魏的会面回来以后，郗疵[1]便向他谏言说："韩、魏必定会反叛。"

---

[1] 《韩非子》中记载这段话是智果告诉智伯瑶的，应当为谬误。

智伯瑶感到很惊讶，问："你怎么知道？"

郗疵说："以人之常情而论，我们调集韩、魏两家的军队围攻赵氏，赵氏覆亡，下次灾难一定会连及韩、魏两家。现在我们约定灭掉赵家以后，三家分割其领地，晋阳城还差三版就要被水淹没，城内已宰马为食，破城已是指日可待，然而韩康子、魏桓子二人不仅没有高兴的神情，反倒面有忧色，这不是必反又是什么？"

智伯瑶虽长于征战，可人事方面却很迟钝。第二天，他就将郗疵的原话转告给了韩虎、魏驹二人，大概是想试探一下二人的态度。结果二人正色道："这一定是离间小人想为赵家游说，让主公怀疑我们韩、魏两家而放松对赵家的进攻。不然的话，我们两家岂不是放着唾手可得的赵家的土地不要，反而要去犯险做必不可成之事（指背叛智伯瑶）吗？"

二人出去后，郗疵进来说："主公为什么把臣下的话告诉他们二人了呢？"

智伯瑶惊奇地反问道："你是怎么知道的呢？"

郗疵回答说："我见他们审视了我以后就快步匆忙离去，说明他们知道我看穿了他们的心思。"

郗疵指出，如果智伯瑶不能先下手攻打他们，就贿赂他们，平复他们的担忧。①郗疵说："现在这样不行，您一定要杀掉他们。如果不杀他们，就一定要亲近他们。"智伯瑶问："怎样亲近他们？"郗疵说："魏宣子的谋士叫赵葭，韩康子的谋士叫段规，这两人都能改变他们君主的计谋。您还是和韩、魏二君约好，等攻下赵国，就封赵葭、段规每人一个万户人家的县邑。这样一来，魏、韩二君就不会谋反了。"

智伯瑶说："攻下赵国而三分其地，又各将一个万户人家的县邑

---

① 后面的言辞是《韩非子·十过》中记载的智果的言论。笔者将其视为郗疵的言辞，并与前文一并衔接起来。

分封给这两个人，那么我得到的就太少了，不行。"智伯瑶最终没有采纳郗疵的建议。郗疵便离开了战场，出使到齐国去了。

那么，韩虎和魏驹果真在谋划叛变吗？下面我们就到赵无恤的阵营中去看一下。

在被水淹没的城邑里坚守了三年之后，赵军已经没有继续抵抗的力量了，就连赵无恤的部下也不再视他为首领。赵无恤叹息道："粮食匮乏，财力用尽，官员体弱多病，我怕守不住城了。我准备开城投降，可是向哪个国家投降好呢？"谋士张孟谈站出来说："臣听说，如果国家面临灭亡而谋士不能保全它，有了危难而谋士不能安定它，那也就不用尊重我们这些有智谋的人了。您放弃投降的打算吧！请让臣试着偷偷出城，去会见韩、魏的君主。"赵无恤仔细聆听了张孟谈的计策后，于是将希望寄托在他的身上，将他送出了城外。

张孟谈偷偷地拜见韩虎、魏驹二人，对他们说："臣听说唇亡齿寒。现在智伯瑶率二位君主来伐赵，赵国将灭亡了。赵灭亡后，韩、魏就会相继灭亡。"

韩虎与魏驹很清楚智伯瑶的秉性，当初智伯瑶曾向他们索要土地，后来又用一模一样的方法向赵国索要土地，既然智伯瑶可以让晋阳变成一片汪洋，那么他同样可以这么对待安邑与平阳。韩虎、魏驹二人说道："我们知道会是这样，但智伯瑶为人刻薄寡恩，我们谋划的事若被他察觉，灾祸就一定会降临，到那时我们该怎么办呢？"

张孟谈向他们保证说："计谋从你们的嘴巴里出来，进入我的耳朵，没人会知道的。"二人便下定决心背叛智伯瑶。他们约定不再瓜分赵氏的土地，而要瓜分智氏的领土，而且赵氏的领土比较靠北，瓜分智氏的土地比瓜分赵氏的土地更加有利。再说，即便真的倾覆了赵氏，将来瓜分土地时智伯瑶必定要占大头；而如果倾覆了智氏，则是韩、魏向赵国施以恩惠，他们便可以占领大部分的智氏土地，这是不折不扣的"趋利而动"的行为方式。

韩、魏已决心反叛，但要偷偷地向全军下达秘密指令却很不容易。智伯瑶阵营里的谋士已经嗅到了他们反叛的气息，有人建议智伯瑶先下手为强，有人则提议向韩、魏提供更多的贿赂，让他们不要有二心。但智伯瑶已被马上占领赵国土地的欲望所蒙蔽，完全没有看清楚形势发展的势态。他说："等了三年终于就要占领赵国的土地了，利益近在眼前，会有人肯放弃利益吗？"

终于到了赵氏与韩氏、魏氏约定的日子。当天夜里，赵无恤的部下悄悄地来到了晋水的堤坝，这当然是韩虎与魏驹故意给他们放行的结果，好让他们靠近堤坝。赵国的士兵杀死了智伯瑶的守堤官，将晋水灌进了智伯瑶的军营。于是，这曾经淹没晋阳城、将晋阳百姓逼到饿死境地的河水，现在掉头猛地流向了智伯瑶的军中。这件事发生在夜里，智伯瑶的军营登时大乱。

赵军趁机打开城门，走出城外与智氏士兵拼杀，韩、魏军队从两旁夹攻，大水淹没军营之后，智氏士兵混乱不堪，根本没有整顿队列的时间，再加上三面军队夹攻，天下无双的勇士智伯瑶也无可奈何了。当天夜里智伯瑶还来不及反抗就被活捉了。正如《资治通鉴》所言，智伯瑶的才能胜过道德（才胜德），导致了他悲惨的结局。

于是韩、赵、魏三大家族便瓜分了智氏的领地，智氏甚至连香火都没有为继。赵氏将长子送给了韩氏，实际上并没有获得什么巨大的利益。如果仅凭主都平阳（今天的临汾）的物产，韩国并不足以成为国家，但如今韩国又占有了沁河一带的大型盆地，也就是后来被称为上党的地方，便堂而皇之地位列"战国七雄"之一了。

赵无恤对智伯瑶有着刻骨的仇恨，最后用智伯瑶的头盖骨做了酒杯。两人积怨已久，《淮南子·道应训》中记载了这样一段故事。

当初，赵无恤是庶出，但赵简子依然极高地评价了他的潜力。赵简子选中赵无恤为继承人之后，将这个决定告诉了忠臣董安于，结果董安于回答说："主公，无恤低贱，如今您选立他为继承人，这是为什么呢？"赵简子回答说："无恤这个人，以后一定能为国家忍辱负重。"

有一天（大概是赵无恤远征郑国回来以后），智伯瑶与赵襄子（无恤）一起饮酒，智伯瑶趁着酒兴向赵襄子头上猛击一掌。这件事情实在太匪夷所思，谁能想到智伯瑶竟然会向大族赵氏的首领动粗呢？赵无恤的手下便请求杀了智伯瑶，赵无恤却阻止了他们。他说："先君立我为继承人时，说我将会为国家社稷忍辱负重，却未曾说过我好杀人啊！"

另外，之前智伯瑶还曾向赵简子建议不要立赵无恤为继承人，赵无恤并没有忘记这件事情。有才无德的智伯瑶最终将自己的头颅献上，变成了敌人的酒壶。

晋阳之战胜败的转折点究竟在哪里呢？为了达成目的，智伯瑶可以不择手段，在这一点上，赵无恤似乎与智伯瑶没什么区别。但智伯瑶的问题在于只知道反复使用诡计，却完全不懂得采取正当的方法，只知使用诡计的结果是，别人都不再轻易上当。《战国策·宋卫策》中记载了智伯瑶的一些举动。

智伯瑶曾想攻打卫国，就送给卫君四百匹野马和一支白璧。这和智伯瑶在攻打厹繇之前的举动是一样的，目的是让卫国放松警惕。卫国有一位叫南文子的大臣面带愁容，卫君看到后，便询问他原因。他说："没有功劳就受赏赐，没费力气就得到礼物，我们不能不慎重对待。四百匹野马和一支白璧，这是小国应该送给大国的礼物，而如今大国却将这种礼物送给我们，您还是慎重考虑为好。"卫君听从了南文子的建议，加强了戒备，智伯瑶果然放弃了攻打卫国的计划。

总之，智伯瑶就是这样一个没有诚信的人，而且臭名远扬，可他被贪欲蒙蔽了双眼，误以为骗人的把戏还能继续行得通。

5. 刺客的黄金时代：义不二心①

在评价晋阳之战的历史意义之前，我们有必要插播一段故事：智伯瑶死于晋阳之战以后，他的一位家臣在赵国做出了一番令人动容之举。这段故事尖锐地反映了战国时代的一个侧面，有助于读者理解战国时代。

战国时代也是刺客的时代，而鲋设诸（专诸）大概是掀开刺客黄金时代序幕的第一人，他曾为吴国公子光（阖闾）杀死了吴国前任君主。人类是拥有个人意志的，如果一件事情没有公开的解决方法，人们往往就会去寻找隐秘的解决办法，这是有史以来所有人类的共同点。到了战国时代，这种举动盛行到何种地步呢？一部分刺客被赋予了独立的地位，部分刺客的名字甚至被永远地载入了史册。实际上，战国末期秦国宰相李斯就曾经向六国的政客提出了两种选择：黄金抑或刀剑？如果不能成功地收买他们，李斯就会派刺客刺杀他们。

司马迁排除了飞蛾扑火、只知道奉命行事的杀手，而挑选出了部分刺客，将他们载入了列传，因为这些刺客践行了主从之间的信义。其中一位就是本节的主人公豫让。

豫让以前曾侍奉过范氏和中行氏两大家族的大臣，但没什么名声，待范氏和中行氏灭亡以后，他便侍奉智伯瑶。豫让曾是一位下等士子，能够出卖的只有身体而已。智伯瑶本身也是勇士，所以对勇士尤为珍视，尤其尊重勇气非凡的豫让。智伯瑶死于晋阳之战以后，不仅智氏的土地被瓜分殆尽，就连智氏的后代也全部被诛杀，无人继承智氏的香火，赵无恤甚至把智伯瑶的头盖骨做成饮具。眼看智氏家族复兴无望，在这种情况下，曾经寄身于智氏门下的豫让该何去何从呢？智伯瑶兵败以后，他的家臣大部分都去寻找新的主

---

① 本节以《史记·刺客列传》中豫让的部分为基础。

人了，只有豫让没有，他潜逃到山中，叹息说："哎呀！士为知己者死，女为悦己者容。智伯瑶是我的知己，现在我一定要不惜生命替他报仇，用以报答知遇之恩。那么，我就是死了，魂魄再见到智伯瑶时也没有什么可惭愧的了。"

于是，豫让便更名改姓，伪装成受过刑的人，进入赵襄子宫中修整厕所。他身上藏着匕首，想要用它刺杀赵襄子。有一天，赵襄子到厕所去，心一悸动，便鞫问修整厕所的刑人，才知道那人是豫让，衣服里面还藏着利刃。豫让毫不畏惧地说："我要替智伯瑶报仇！"众侍卫哑然失色，要杀掉他，但赵无恤制止了他们。赵无恤说："他是义士，我谨慎小心地回避他就是了。况且智伯瑶死后没有后嗣，而他的家臣想替他报仇，这是天下的贤人啊！"

赵无恤于是就把他放走了，但豫让还是没有放弃。过了不久，豫让又把漆涂在身上，使肌肤肿烂，像得了癞疮，吞炭使声音变得嘶哑。豫让使自己的形体相貌不可辨认，沿街讨饭，就连他的妻子也不认识他了。

他的朋友在路上遇见他，认出了他，问道："你不是豫让吗？"

豫让回答说："是我。"看到豫让这副样子，他的朋友忍不住哭了起来，劝他说："凭着您的才能，委身侍奉赵襄子（赵无恤），襄子一定会亲近、宠爱您。亲近、宠爱您，您再干您想干的事，难道不是很容易吗？何苦摧残自己的身体，丑化形貌，用这样的办法接近赵襄子，以达到报仇的目的呢？这样难道不是更困难吗？"豫让说："托身侍奉人家，却又要杀掉他，这是怀着异心侍奉君主。我知道自己现在的做法非常难，可我之所以选择这样做，就是要使天下后世那些怀着异心侍奉国君的臣子感到惭愧！"

不久，正赶上赵无恤外出，豫让潜藏在他必经的桥下。赵无恤来到桥上，马儿似乎认出了一个人，受惊跑掉了，赵无恤说："那个人一定是豫让。"派人去查问，果然是豫让。于是赵无恤就列举罪过指责豫让说："您不是曾经侍奉过范氏、中行氏吗？智伯瑶把他们都消灭了，而您不曾替他们报仇，反而托身为智氏的家臣。智伯瑶已经死了，您为什么单单如此急切地为他报仇呢？"

豫让说："我侍奉范氏、中行氏，他们都把我当作一般人看待，所以我像一般人那样报答他们。至于智伯瑶，他把我当作国士看待，所以我就要像国士那样报答他。"[①]

赵无恤喟然长叹，流着泪说："哎呀，先生！您为智伯瑶报仇，已算成名了；而我宽恕你，也算仁至义尽了。您该为自己做个打算了（做好交出性命的准备），我不能再放过您了！"然后便命令士兵将他团团围住。

于是豫让说："臣听说贤明的君主不埋没别人的美名，而忠臣有为美名去死的道义。（明主不掩人之美，而忠臣有死名之义。）以前您宽恕了我，普天下没有谁不称道您的贤明。今天的事，我本当受死罪，但我希望能得到您的衣服刺几下，这样也就完成我报仇的意愿了，即使我死了也没有遗憾了。我不敢奢望您答应我的要求，但我还是冒昧地说出我的心意！"

赵无恤对他的侠义很是激赏，就派人拿着自己的衣裳给豫让。豫让拔出宝剑多次跳起来击刺它，说："我终于可以用此来报答智伯瑶于九泉之下了！"于是横剑自刎。

豫让自杀的那天，赵国的有志之士听到这个消息，都为他潸然泪下。"吞炭漆身"的成语，说的就是豫让为报知遇之恩，漆身为厉、

---

① 据《吕氏春秋·不侵》的记载，这段对话发生在豫让与他的朋友之间，内容与《史记》的记载大同小异，但更加细致地描写了智伯瑶对豫让的珍重。实际上，智伯瑶的确非常珍视勇士。豫让是这么回答他的朋友的："让我告诉你其中的缘故。范氏、中行氏，在我受冻的时候却不给我衣服穿，在我挨饿的时候却不给我饭吃，并时常让我跟上千的门客一起接受相同的衣食，养活我就像养活众人一样。凡像对待众人一样地对待我的，我也像众人一样地回报他。可智氏却不这样，出门就给我车坐，在家就供给我充足的衣食，在大庭广众之下，一定对我给予特殊的礼遇，奉养我就像奉养国士，凡像对待国士那样对待我的，我也像国士那样地报答他。"

吞炭为哑的故事。就这样，豫让成了历史的牺牲品，消失在岁月的尘埃之中。

在战国的特殊形势下，豫让也许代表了当时天下下士的心态，他们试图通过辅佐特定的君主，在历史中发挥自己的作用。不仅是豫让这种舞刀弄剑之人，就是凭借知识出仕的人，命运也并没有什么很大的区别。在战斗过程中，如果首领倒下，士子们就会面临两种选择，要么和倒下的人休戚与共，要么选择新的道路。一国的君主，如果追随他的人都能像豫让这般忠诚，那么他便极有可能在战争的角逐场上胜出。我们有必要留心观察赵无恤对待豫让的态度，首领们都希望自己的部下将豫让作为行动榜样。

但《韩非子·奸劫弑臣》中对豫让的评价却很严苛："至于豫让，作为智伯瑶的臣子，上不能劝说君主，使智伯瑶懂得法术制度的道理，躲避灾难祸患；下不能率领部下来让国家安定。（中略）虽有毁身冒死忠于君主的名声，实际上对智伯瑶并没有丝毫的好处。这是我所贬低的，但当君主的却认为他很忠诚而加以尊敬。"

在韩非子看来，豫让的行动没有任何实际意义，刚好与他的主张相反。但司马迁却对豫让做出了极高的评价，因为豫让在行动时并没有追求任何补偿。他并不是一个被雇佣的刺客，而是一个独立的人。历史上也有许多刺客，他们被雇佣，然后如飞蛾扑火一般结束了自己的生命。作为被雇佣的刺客，他们仅凭与雇主之间的私利，引起了许多平地风波。但实际上，真正卑贱的并不是刺客，而是雇佣他们的人。

笔者顺便再讲述另一位刺客的故事，他便是聂政[1]，属于彻底

---

[1] 这一部分依据《战国策·韩策》和《史记·刺客列传》整理而成。《战国策·韩策》的记载更加富有戏剧性，给人身临其境的感觉。据《史记·六国年表》与《资治通鉴》的记载，这件事情发生在公元前371年。但有一点需要注意，《史记·韩世家》中有"列侯三年，聂政杀韩相侠累（《战国策·韩策》中的韩傀）"，以及"六年，韩严（严遂）弑其君哀侯"的记载；《战国策·韩策》中的记载却是"韩傀走而抱哀侯，

被雇主利用的那一类。这段故事大约发生在公元前 370 年（应该是前 371 年或前 374 年）。

韩傀作韩国的国相时，严遂也很受韩哀侯的器重，两人因此相互忌恨。有一天在朝堂之上议事时，严遂直言不讳地指责韩傀的过失，韩傀则在朝堂上怒斥严遂，严遂气得拔剑直刺韩傀，企图以此解决问题，幸而有人阻止。此后，严遂逃到国外去，怀揣着对韩傀的怨恨，伺机报复。

在齐国有人对他说："轵地深井里的聂政，是个勇敢的侠士，为了躲避仇人才混迹在屠户中间。"严遂就和聂政暗中交往，以深情厚谊相待聂政。

聂政感到很惊讶，便问严遂："您想让我干什么呢？为何对我如此深情厚谊？"

严遂说："我为您帮忙的时间还不长，我们的交情还这样薄，怎么敢对您有所求呢？"

严遂虽然表面上这么说，却对聂政十分用心。他曾拿出百镒黄金，为聂政母亲祝寿。聂政大为震惊，坚决辞谢严遂的赠金，说："我家有老母，生活贫寒，离乡背井，做个杀狗的屠夫，现在我能够早晚买些甜美香软的食物来奉养母亲，母亲的供养已经齐备，我的心愿也已满足了，不敢再接受您的赠金。"

于是严遂避开周围的人，悄悄地告诉聂政："我有仇要报，曾游访过很多诸侯国。我来到齐国，听说您很讲义气，所以特地送上百

（接上页）聂政刺之，兼中哀侯"。就是说，《史记·韩世家》将刺杀韩国宰相（侠累或韩傀）的事件和刺杀君主（哀侯）的事件是分开记录的，不同于《战国策·韩策》的记载。那么，《史记·韩世家》与《战国策·韩策》的记载肯定有一个是错的。司马迁在写作《刺客列传》时，将侠累（韩傀）的被杀事件放在了哀侯时期，而不是列侯时期，自相矛盾地否定了《韩世家》的内容，这应当是司马迁在写作《韩世家》时的失误。《资治通鉴》大概也遵循了《战国策·韩策》的内容，因此，笔者在此也主要依据《战国策·韩策》的内容。

金，只是想作为老夫人粗茶淡饭的费用罢了，同时也让您高兴，哪里敢有什么请求呢？"聂政婉拒了他的请求，说："我之所以降低志向，辱没身份，隐居于市井之中，只是为了奉养老母。只要老母还活着，我的生命就不敢轻易托付给别人。"严遂坚持让聂政收下赠金，但聂政始终不肯接受。

过了很久，聂政的母亲去世了，聂政便下定了决心。他感叹地说："唉！我只不过是市井平民，动刀杀狗的屠夫，而严遂却是诸侯的卿相。当时他不远千里，屈驾前来与我结交，我对他太薄情了，没有为他做出什么贡献，而他却拿百金为我母亲祝寿，我虽然没有接受，但这表明他很赏识我啊。"

服丧结束之后，聂政便找到严遂说："以前没有答应您，只是因为母亲健在，如今老母不幸谢世，我也没什么牵挂了。请问您想报仇的人是谁？"

严遂便告诉聂政，他的仇人是韩国国相韩傀。韩傀是韩哀侯的叔父，他的守卫非常森严。严遂主动提议为聂政做好举事的准备，但聂政拒绝了他。他说："如今去刺杀的是韩国的相国，而且他又是韩侯至亲，势必不能多带人去。人多了难免会出差错，出了差错就难免会泄露机密，泄露了机密就会让韩国上下与你为敌，那岂不是太危险了吗？"

于是聂政便只带了一把剑来到了韩国。正好韩国在东孟举行盛会，宴会上有众多的带刀侍卫。聂政直接冲到会场，爬上台阶刺杀韩傀，韩傀在逃跑时慌乱之中抱住了韩哀侯。聂政刺中了韩傀，同时也刺中了韩哀侯，在这种混乱的局面之中，聂政又杀死了几十人。但是最惨烈的场面发生在后面，聂政用剑划破自己的脸皮，挖出眼珠，又剖腹挑肠，就此死去。他这么做为的是掩盖自己的身份。

聂政死后，为了查明刺客的身份，韩国把聂政的尸体摆在街市上，以千金悬赏求他的姓名，但没人知道他究竟是谁。有一天，一位女子伏在尸体上放声痛哭："你如今死了却没有留下姓名，父母已不在人世，又没有其他兄弟，你这样做都是为了不牵连我啊。因吝惜我的生命而不显扬你的名声，我于心不忍！"然后她又抱住尸体痛哭道："这是我的弟弟，轵邑深井里的聂政啊！"说完便在聂政的尸体旁自杀了。原来这位女子是聂政的姐姐。三晋、楚、齐等国的人听说这件事，都赞叹道："不单聂政勇敢，就连她姐姐也是位刚烈的女子！"

在笔者看来，也许豫让的行为还值得些许称赞，聂政的行为就让人不敢苟同了。为了一个人的复仇，他究竟搭上了多少条性命呢？严遂不过是一介因怨恨迷失心智的匹夫，聂政究竟为何会听命于他呢？豫让之死是为了追随已死的主人，而聂政却为了一个活得好端端的雇主而刺杀了一国的宰相和君主，让整个国家陷入了风雨飘摇的境地。严遂狠毒，而聂政愚蠢，但战国时代却不断涌现出这样的人。不过，虽然聂政并不懂得大局，只懂得一些私人恩怨，却也比战国末期秦国宰相李斯所雇佣的那些刺客要强得多，那些刺客甚至连私人感情都没有，只是一些希望赚钱的走狗罢了。

6. 三家分晋的影响

战国时代的主从关系

晋阳之战结束，张孟谈稳定了赵国朝局以后便对赵无恤说："从前，先君（赵简子）治理赵国，有遗训说：'五霸能够统帅诸侯，原因在于约束得当，使国君的权势足以控制群臣，而不能使群臣的权势钳制国君。[1] 所以，身份至列侯的人，不能再让他身居宰相之位；

---

[1] 《战国策·赵策》的原文是"五百之所以致天下者，约两主势能制臣，无令臣能制主"。"约两主势能制臣"究竟何解呢？《战国策》里的许多句子意思都讲不通。笔者认为，要么"约两"原本是其他的文字，要么是在转写的过程中漏掉了什么字。也有人将这一部分的意思解释为"用盟约将两位君主联合在一起"，但意思也讲不通。

官职在将军以上的人，不能再让他们担任君主近侧的'大夫。'如今，臣的声誉已很显赫，地位也很尊贵，权重而且众人服从，所以臣希望捐弃功名，丢掉权势，离开众人。"

赵襄子听了以后，很吃惊地问道："这是为什么？我听说辅助君主的人，应该有显赫的美名；为国立大功的人，应该有尊贵的地位；负责国家政事的人，应该有重大的权力。自己心怀忠信，大家都会服从他，这是先圣之所以使国家安定的原因啊！您为什么要这么说呢？"

张孟谈说："君王所说的，是成就功名之美；臣所说的，是保全国家的方法。据臣所知，古往今来、天下之大，要成就事业所需要的美德都是相同的。可是，大臣与国君的权力如果完全相等，却还能成就美德，这却是从来没有过的。汲取过去的经验教训，作为今后做事的借鉴。君王如果不考虑这方面的问题，臣将无能为力。"

张孟谈坚定地表明了自己的诀别之意，赵无恤再也不能挽留他了。这时，赵无恤便将内心的疑问说了出来："晋阳之战时不从命的臣子应该怎么处理？"

张孟谈的回答是："处以死刑（死僇）。"

晋阳之战胜利以后，赵无恤论功行赏，臣子高共受到了上等的奖赏，其实高共并没有什么功劳，臣子们纷纷对此提出异议。

赵无恤说："晋阳危急之时，群臣都很怠慢，只有高共不敢有失臣下的礼节，因此他要受上赏。"

"不听指挥的臣子不是臣子"，赵无恤和张孟谈所谈论的正是国家的基本纲纪问题，而这种纲纪正是战国时代的所有国家都梦寐以求的，即君主集权。究竟这种言论是受到了韩非子的影响，还是韩非子受到了这种言论的影响，我们不得而知，但张孟谈的政见和韩非子的主张确实大同小异。他们都认为，君主应当站在权力的中央，臣子应当忠诚。因此危机之时，臣子如果不听从君主，就会被直接处死，以儆效尤。

历史上，晋文公虽想处死不听从命令的魏犨，但鉴于魏犨是最杰出的猛将，晋文公最终因惜才而放过了他。但战国时代战士们独立行动的范围逐渐缩小，尤其是马上要出场的吴起，对于战士的突发行为是绝对不能容忍的。

瓜分晋国的原罪

从大局来看，瓜分晋国是逆历史潮流而动的行为。晋国遭到削弱以后，秦国就会崛起，而秦国的野心与崤山以东的国家不可同日而语。三晋相互对立，并持久作战，为西方的秦国争取了时间。从形势上来看，如果三晋联合，就能战胜秦国；如果其中两国能联合在一起，就能阻止秦国；如果他们各自为政，则会输给秦国。然而，正如在三大氏族消灭智氏的过程中我们所看到的那样，三晋都是机会主义者，对利益很敏感，而且三大氏族瓜分晋国也都是出于各自氏族的私利之心。

晋国三分之后，关中之龙便要越过崤山了。晋国分裂，秦国一跃成为战国时代的强者和自主变量。当初三晋分裂就是因为利益不同，因此要将这三个国家再次联合起来是一件很困难的事情，而且秦国不断使用离间之计，阻碍韩、赵、魏三国的联合。

那么这就产生了一个问题：当晋国的四股势力相互征战之时，秦国为什么只是袖手旁观而没有趁火打劫呢？这是因为在黄河以西的魏国领土上，即西河地区有一系列要塞。只要魏国在此驻扎上一个军团，秦国便根本不可能图谋东方。在没有攻下这个地方之前，秦国只能焦虑不安、战战兢兢，而不敢越过黄河，冲破崤山的险关。

我们来做一个有意思的假设。既然韩、赵、魏在经营国家之时都以各自的利益为出发点，那么我们就假设晋阳之战时，韩、魏仅从利益的角度出发，没有联合赵国，而是实行了其他的战略。因为对于赵国来说，除了联合韩国与魏国以外，没有别的可以解除危机的办法，但韩魏仍然有其他的选择。

即便从彻底的利益角度来看，如果笔者是魏国的首领，便不会打破与智氏的同盟关系，而会首先接受赵国的投降。因为赵氏家族已经在晋阳、邯郸、长子等比较外围的地方建立了坚固的根据地，如果赵国独立，日后便很难控制它。要重新统一晋国，便要首先制服赵国，然后坚守从赵国瓜分来的土地，引进赵国的人才，接下来就是等待时机成熟。既然智伯瑶很暴虐，他的统治绝不会维持太久，到那时再发动叛乱也为时未晚。届时魏国便可以联合韩国，安抚赵国的残余势力，攻打失去民心的智伯瑶，至少晋国不会分成三股势力，而是两股。如果晋国分成了韩国和魏国，便可以协同作战，阻止秦国的东进，即便合作抗秦的情况不尽人意，也可以单独守备。

但是，晋国分裂成三个国家之后，韩、赵、魏各自占领了晋国的一些地方，如何能够匹敌强大的秦国和楚国呢？当然，趋利而动的他们很难看到遥远的未来，如果智伯瑶不是那么邪恶，或许晋国也不至于分裂得那么彻底。

但历史选择了让晋国三分，韩、赵、魏便背负上了瓜分晋国的原罪，这便是韩、赵、魏三国混乱的国境线。三晋的国土拥有很多弱点，魏国的安邑和韩国的平阳位于同一处盆地，从形势上很难相容，韩国占领了上党（长子一带），而魏国则接手了河南，魏国东面的土地和西面的土地通过黄河一带的狭窄通道相连，局势上不得不受到韩国的牵制。

在瓜分晋国土地的过程中，最大的受益者是韩国。韩国的谋士段规不是普通人，《战国策·韩策》里记载了段规向韩虎献计的一段故事。

段规说："分地时您一定要得到成皋。"

但韩虎并不怎么同意。他说："成皋是流水不存的石头地，寡人要它没什么用处。"

段规说："不是这样的。臣下听说，一里大小的地方，能牵动得失千里之地的决定，这是因为地势有利；万人之众能攻破三军，是因为出其不意。大王如果采用臣下的意见，那么韩国一定能取得郑国的土地。"

韩国于是便得到了成皋。成皋就是春秋时代的虎牢，虎牢是郑国的命脉，晋国与楚国对立之时，晋国总是以虎牢为基地威胁郑国。

鄢陵之战以后，晋国所率领的北方联合军在虎牢筑城威胁郑国。虎牢位于连接中原东西方的咽喉之地，是一座交通要塞。从战国时代以来，成皋一直是战场，后来刘邦与项羽拼命争夺的也是这个地方。韩国占领了成皋以后，郑国的首都新郑就如同进入了韩国弓弩的射程以内。韩国要想越过黄河守卫上党，就需要在南边有一片土地与之呼应，韩国于是便吞并了郑国的土地。

但上文的分析都是相对的，韩国的处境和魏国一样焦虑不安。郑国的旧地和韩国的上党经过黄河勉强连接在一起，而这条道路也在受魏国的威胁。于是，韩、魏两国形成了一条很奇特的国境线，即黄河的南北由韩国占领，东西由魏国占领，整体上呈十字形。

那么赵国又怎样了呢？如前所述，赵国失去了上党，晋阳与邯郸呈分离之势。而且魏国和秦国作战之时，赵国根本没有办法帮助魏国。实际上，当韩国、魏国备受秦国折磨之时，赵国是很安全的，但当魏国和韩国这两道屏障崩塌以后，赵国便为之前的安逸付出了代价。晋国四周原本围绕着得天独厚的要塞，三家分晋后这些要塞就失去了作用，而这正是韩、赵、魏日后遭遇上述灾难的罪魁祸首。

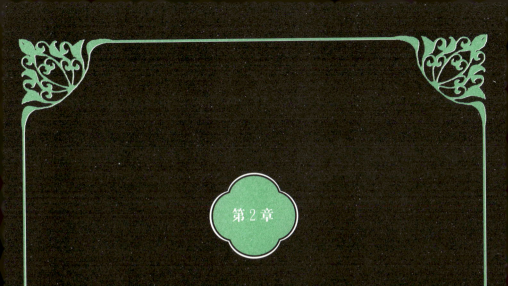

第 2 章

睿智君主魏文侯

——为魏国奠定二百年的基业

马车如果只有一个轮子肯定会歪倒，一个人力气再大，只有一条腿也跑不快。所有稳稳地立于地上、跑起来风驰电掣的东西，它们的轮子或腿都是成双的。三家分晋之后，魏国之所以能够在战国初期叱咤风云，正是由于魏国有伟大的君主和与之相得益彰的杰出臣子，而这位伟大的君主就是魏文侯。谚云"林大鸟儿多，水深鱼儿肥"，伟大的领导人身边必定围绕着一群伟大的支持者。魏文侯的身边，就有李悝、西门豹与吴起等优秀的政治人物。李悝通过改革把魏国变成了一座巨大的粮仓，西门豹是治世能臣，而吴起则是杰出的战略家。诗云"千里马常有，而伯乐不常有"，究竟魏文侯是一位怎样的君主，能为魏国的江山奠定二百年基业呢？遗憾的是，在魏文侯后，魏国再也没有出现如此有远见卓识的君主，尤其是梁惠王，虽因与孟子的谈话而闻名，可在诸多方面的作为都是与魏文侯相悖的。

1. 坚忍不拔、矢志不移的战略家

　　随波逐流的计策不能称为"战略"，而只能称为"权宜之计"。但自始至终，魏文侯从未更改过魏国的国防与外交方针。从这一点来看，魏文侯可担得起"战略家"的称谓。三晋的母体魏国一向奉行"向西打压秦国，向东联合韩、赵"的战略。魏文侯时期，魏国对楚国的方针止于牵制，因为魏国的目标并非楚国本土，而是郑国。

　　魏文侯还有一个原则，那便是，牵制楚国时，三晋必须共同作战。为了牵制以魏国为首的三晋，战争发生时西方的秦国总是把东方的齐国拉上战车。只要秦国出面，齐国必定会跟随。对于秦齐协同作战，魏文侯并没有一一回应，因为只要赵国和韩国在南、北支援自己，齐国便无法深入。魏文侯的战略只有一个，那便是首先使秦国徒劳无益，再图谋其他。要想与秦国作战，绝不能分散力量，因此魏文侯在外交方面也极其用心。

　　作为一名战略家，魏文侯究竟是一位怎样的人物呢？我们首先来领略作为三晋联合轴心的魏文侯的风采。

魏文侯向赵国借路去攻打中山国，赵肃侯不打算答应他，赵利便劝告赵肃侯说①："大王应该借道给魏国。魏攻打中山，如拿不下来，就一定会疲惫，我国的地位就会相对提高。魏国攻克中山以后，必然不能越过我国占有中山。这样，用兵的是魏国，得地的却是我国，所以大王一定得答应借道给魏文侯。大王在答应时如果显得很高兴，他就会知道大王能从中获益，那么魏国必将停止军事行动。大王不如借路给魏文侯，并表现得好像借路是出于不得已。"

乍听之下，这个计策似乎很了不起，可这种看眼色行事，坐收渔翁之利的举动并不能成为一国的政策。借道给别国的军队，以期获得其作战成果，这种机会主义的行径会损害国家信誉、扰乱国家纲纪，因此赵肃侯正确的做法应当是拒绝。

魏文侯就从来不屑于使用这种伎俩，他对韩国与赵国的态度是怎样的呢？《战国策·魏策》中记载了这样一段故事。

韩国和赵国要开战，它们都希望把魏国拉拢到自己的阵营里来。于是韩国向魏国派出使节，说："我国希望可以借贵国的军队讨伐赵国。"魏文侯回答说："我国和赵国是兄弟之国，恕不能答应贵国的要求。"赵国又向魏国求兵攻打韩国，魏文侯说："我国和韩国是兄弟之国，恕不能答应贵国的要求。"赵国和韩国的使者都没有借到兵，于是很生气地回国了。回去之后，他们才知道魏文侯这么做是为了协调两国的关系，便都心悦诚服地朝拜魏国。

魏文侯在竭尽全力推动三晋联合的同时，也努力拉拢齐国。当时齐国和秦国维持了一种松弛的同盟关系，魏国和秦国每每对峙之时，齐国就会伺机行动，这种做法让魏国很不舒服。魏文侯统治后期，当吴起在西河与秦国展开血战之时，齐国却不停地攻击魏国的襄陵，这明显是与秦国在协同作战。此事后不久，魏文侯便恳请周王，将掌握齐国实权的田和地位提至诸侯，实际上就是在向齐国发

①　这段故事出自《战国策》，《韩非子·说林上》中也记载了同样的故事。

出信号："我可以容忍你们的政变，但你们不能侵扰我们的后方。"从魏文侯的人品来看，他一般不会容忍政变。且之前一直是他先发制人地攻打齐国，但在魏国与秦国作战时，他坚持了不分散力量的战略原则，放弃了个人的喜恶和旧日的恩怨，可见他处理问题的方法很有弹性。

2. 改革派君主的用人之道——对君子虚左以待

魏文侯是一位锐意改革的君主，他任用了改革派人士李悝，而李悝（也称李克）通过"尽地力之教"的政策，为魏国的经济发展奠定了坚实的基础。[①]李悝既是一位经济改革家，也是一位法家改革家。郭沫若对李悝的评价如下：

> 李悝在严密意义上是法家的始祖，《汉书·艺文志》有"《李子》三十二篇"，列为法家之首，注云"名悝，相魏文侯，富国强兵"。可惜这三十二篇书已经亡佚，只有关于刑律和农政两项的还在别的文献里面保存了一些梗概。《晋书·刑法志》云："秦汉旧律，其文起自魏文侯师李悝，悝撰次诸国法，著《法经》。以为王者之政莫急于盗贼，故其律始于《盗贼》。盗贼须劾捕，故著《网捕》二篇。"[②]

---

① 关于李悝的经济改革请参照本书《补论》的部分。

② 引自郭沫若《十批判书·前期法家的批判》。郭沫若列举了许多证据，证明李悝与李克为同一个人，而《汉书·古今人表》中将李悝与李克视作两个人。笔者同意郭沫若的观点，认为应该是班固之误。因为当时魏国不太可能同时有两个姓李的宰相，而且所起的作用还很相似。郭沫若更进一步指出，商鞅继承了魏国的法家思想，在秦国获得了官职，汉朝则继承了秦国的制度，由萧何制定了法律。也就是说，魏文侯时期的法家改革延续到了汉朝。

魏文侯大胆任用了改革派人物李悝，可谓法家改革的倡导者，而后文中将要登场的吴起也是一位坚定的法家改革先驱。魏文侯既是一位实用主义的改革派君主，也是狭义上的法家改革派君主。但魏文侯的法治改革、经济改革与商鞅等后期法家的改革有相当大的区别。改革家李悝是一位兼具法家精神与儒家精神的复合型人物。《韩非子·难二》中记载了李悝治理中山时的一段故事。

苦陉县令年终上报钱粮收入颇丰，李悝却说："言语动听，听了叫人喜欢，但不符合常理，这种话叫作'窕言'；没有山林川泽等自然资源而收入丰厚，这种收入叫作'窕货'。君子不听窕言，不受窕货，你就此免职吧。"

韩非子认为李悝的做法是错误的，他认为如果当年丰收，多收一点税也是合情合理的。但作为一名财政学家，李悝不可能连丰年和荒年都分不清楚。李悝推动改革的目的在于增加国家财政收入，可当他面对丰厚的收入时却表现出了这样的态度，可见他并非一味唯钱至上。而魏文侯一向采纳李悝的政见，必定也是持这样的见解。

接下来我们再来读一段逸闻趣事，然后我们就会知道，魏文侯的法家改革依然没有越过《管子》中所体现的原始儒家的法家改革范畴。当魏文侯看到西门豹和解扁两位官吏的政绩之后，做出了怎样的反应呢？

西门豹治理邺县时，粮仓里没有积蓄的粮食、钱库里没有储备的钱币、兵库里没有兵械存放、官府里没有总计收入的账簿，于是有人多次在魏文侯面前谈论西门豹的这些过失。魏文侯便亲临邺县检查工作，想确认这些言论是否属实。他原本对西门豹抱有很高的期待，结果到了邺县以后，发现情况果然和人们所谈的如出一辙。

魏文侯很生气，便召见西门豹责备他说："翟璜推荐你来治理邺县，你却将这里治理得如此混乱。你要是能说清这些事的缘由也就罢了，否则寡人就要严加追究了。"

西门豹解释说："我听说实行王道的君王使人们富足，实施霸道的君王使士富足，只有亡国之君才使各种府库充足。如今大王要实施王霸之道，所以臣就将粮食、兵器、钱财都积贮在民间。大王如果不信，请让我登上城楼击鼓，铠甲兵器和粮食马上就会齐备。"于是，西门豹登上城楼击鼓，果然武装好的士兵和粮食很快就聚集起来了。

故事虽稍有夸张，但足以说明魏文侯和西门豹之间的关系，以及魏文侯所追求的政治。

而解扁与西门豹不同，他很擅长收税。解扁在治理东封时，有一次年终上报账目，地方财政收入增加了三倍，而魏文侯却质疑说："寡人的国土没有增扩，人口也没增多，为何东封的地方财政却增加了三倍呢？"解扁解释说："臣让百姓冬天砍伐树木积存起来，到来年春天再从河道运出去卖掉，所以积聚了不少钱财。"魏文侯听了说："百姓春天努力耕种，夏天勉力耘耕锄草，秋天又忙着收割敛藏，只有冬天才有空闲，现在你却要他们冬天伐木积贮树木，又驾车运到河边，这样一来，百姓哪有时间休养生息。他们已经疲惫不堪，就是收入增加三倍，又有什么用呢？"[1]

正如我们在李悝的改革中所看到的那样，魏文侯十分重视国家财政，希望地方官员能够掌控当地的百姓，后文讲到西门豹的政绩时也会提到这一点。但是从根本上讲，比起领导百姓，魏文侯更重视百姓的支持。因此，司马迁在《史记·儒林列传》中给魏文侯做出了一个相当有概括性的评价："子夏居西河，子贡终于齐。如田子方、段干木、吴起、禽滑釐之属，皆受业于子夏之伦，为王者师。是时独魏文侯好学。"

正如《史记·儒林列传》中所提到的，总体上来看，魏文侯当位于儒者之列。既然魏文侯要推动法家实用性的改革，又为何会重

---

[1]　出自《淮南子·人间训》。

视儒学者呢？魏文侯认为，无论法制还是兵制，他们的主体都是"人"。魏文侯身边的改革派都是主张实用主义的人物，但他认为还需要另外的、最顶尖的人才来领导这些人物，这些人才便是儒学者。儒学者认为，即便身为君主也不能滥用权力，孟子主张"将大有为之君，必有不召之臣"，也是出于相同的原因，而魏文侯真正崇敬的也是这类人。《吕氏春秋·期贤》中记载了这样一段故事。

魏文侯从段干木居住的里巷前经过时，手扶车轼表示敬意。看到堂堂的君主竟然在经过里巷时致意，他的车夫感到很惊讶，便问道："大王为什么要挟轼致敬？"

魏文侯回答说："这不是段干木住的里巷吗？段干木是位贤者呀，寡人怎么敢不致敬？而且寡人听说，段干木把操守看得比什么都重要，即使拿寡人的君位同他的操守相交换，他也绝不会同意，寡人怎么敢对他骄慢无礼呢？段干木是在德行上显耀，而寡人只是在地位上显耀；段干木是在道义上富有，而寡人只是在财物上富有。"

魏文侯的车夫说："既然如此，那么大王为什么不让他做国相呢？"魏文侯就请段干木做国相，可段干木不肯接受这个职位。魏文侯就给了他丰厚的俸禄，并时常到家里去探望他。后来秦国出兵想去攻魏，司马唐便劝谏秦君说："段干木是个贤者，魏国礼敬他，天下没有谁不知道，恐怕不能对魏国动兵吧？"秦君认为司马唐说得很对，于是停止进攻，不再攻魏。

那么段干木究竟是一位怎样的人才，居然让魏文侯如此敬重呢？据《吕氏春秋·尊师》的记载，段干木本是晋国市场上的大牙侩（为买卖双方说合的经纪人），求学于子夏。大牙侩虽地位卑贱，但魏文侯并不在意他的出身。《吕氏春秋·下贤》中记载了魏文侯对段干木的渴求。

魏文侯去见段干木，谈话时站得疲倦了却不敢休息，回来以后见翟璜，却箕踞于堂上跟他谈话，翟璜因此很不高兴。翟璜曾起用李悝，帮助魏国推进法家改革。

魏文侯说道："段干木，寡人让他做官他不肯做，给他俸禄他不肯接受；现在你想当官就身居相位，想得到俸禄便得到了上卿的俸禄。你既接受了寡人给你的官职俸禄，又要我以礼相待，这恐怕很难做到吧？"

魏文侯在任用人才方面有自己的一套原则，他希望将人格上受人敬重的人放到最高位上去，因此很重视儒学者的作用，子夏、段干木、田子方都是儒学者。

在这里我们需要简单地整理一个问题。众所周知，日后法家思想的高峰，即商鞅与韩非子都很蔑视儒学者，因此人们往往会以为儒家和法家是相互对立的，但其实儒家是法家的出发点，吴起就出身儒家。

钱穆在《先秦诸子系年·商鞅考》中曾经说道："鞅之为政，宗室贵戚怨之，不获其死，亦类吴起，人尽夸道鞅政，顾不知皆受之于李、吴。人尽谓法家原于道德（道家的《道德经》），顾不知实渊源于儒者。其守法奉公，即孔子正名复礼之精神，随时势而一转移耳。"

有人曾断定法家出自道家，但这种观点是很牵强的，司马迁已经点破了这一点，而钱穆的评价也附和了司马迁的观点。但实际上法家的渊源与儒家更近，而吴起正是以儒家学说为基础发展了法家与兵家思想，因此我们应当从儒家式的法家背景中去解读魏文侯的改革。

如此一来，我们便能够理解下面的故事了，也能明白魏文侯为什么不喜欢能力出众却性格乖戾的人了。

魏国攻打中山国，乐羊为将。乐羊攻下中山国以后，回国向魏文侯报告，显出矜夸高傲的神色。[1]魏文侯察觉到了这一点，就命令主管文书的官吏说："群臣和宾客献上的书信，都呈上来。"主管文书的官吏搬着两箱书信送上来。魏文侯让乐将军阅读这些书信，这些

---

① 出自《吕氏春秋·乐成》。

书信都是责难攻打中山国这件事的。

乐将军看完这些信以后，转身退下几步，向魏文侯再拜说："攻下中山国，不是臣的力量，而是君主的功劳啊。"

当乐羊领军攻打中山国之时，人们纷纷指责这次出征是错误的，各种议论甚嚣尘上。再加上后来中山国久攻不下，如果魏文侯是愚蠢的君主，必定会听从谗言，但忠厚的魏文侯并没有这样做。后来他之所以把这些书信拿给乐羊看，只是因为不满意乐羊的态度。《战国策·魏策》里有一段故事，证明魏文侯对乐羊不甚满意的原因在于乐羊的心性。

乐羊作为魏国的将领攻打中山国，当时他的儿子就在中山国里。中山国国君见乐羊攻势不休，便把乐羊的儿子煮成人肉羹送给他，乐羊就坐在军帐内端着肉羹喝了起来，一杯全喝完了。魏文侯赞叹说："为了寡人的国家，乐羊竟吃了自己儿子的肉。"

旁边的堵师赞却说："他连儿子的肉都吃了，还有谁的肉不敢吃呢！"

魏文侯听了堵师赞的话，表面上奖赏了乐羊的战功，暗地里却怀疑起乐羊的心性来。

实际上，魏文侯在意的并非乐羊是否会背叛自己，他只是对乐羊这种只懂得忠诚的人很警惕。魏文侯注重基本的问题，人们常说"成大事者不拘小节"，实际上并非如此。越是大器，反而意味着越要忠实于基本的问题，而不能忽略小细节。

《战国策·魏策》里还记载了这样两个故事，它们告诉我们什么是真正的"大器"。

魏文侯同管理苑囿的小官虞人约定了打猎的时间。不料，这天，魏文侯与百官饮酒非常高兴，天又下起雨来。

魏文侯要出去赴约，左右的侍臣说："今天饮酒非常快乐，天又下雨了，大王要去哪里呢？"魏文侯说："寡人与别人约好了打猎的时间，虽然现在很快乐，但怎么能不去赴约呢？天下雨，不能打猎，也应赴约取消活动，不能言而无信啊。"于是文侯停办宴席，亲自赶到虞人那里取消了打猎活动。

后面接着又讲述了另一个故事。魏文侯似乎在音乐方面也颇有造诣。有一次，他和田子方在一起饮酒听音乐。魏文侯说："钟声不协调了吧？左面的声音高。"田子方便笑了起来。魏文侯问："您为什么会笑？"田子方说："臣听说，明理的国君喜欢治官之道，不明理的就偏爱音乐。现在大王对音乐辨别得很清楚，臣恐怕大王在治官方面有些聋了。"魏文侯便反省自己说："您说得对，敬听您的教诲。"

正如孔子所言，君主就像天上的太阳，所有人都在注视着他的一举一动。因此，君主的基本素质应当是讲信用，他的任务是任用贤才，委以合适的职务。即便是一个小小的约定也不可辜负，这是讲信用的基本要求，而不亲自参与事务管理则是最大程度发挥人才能力的做法。作为一位君主：不违背与虞人的约定，看起来是小事，实际上却是大事；听出来音乐演奏得不和谐，似乎是挺出众的才能，但是对治理国家却没有任何用处。

3. 掌握最基层的情况——消除地方恶习的西门豹

下面我们来了解一下魏文侯麾下另一位英雄人物——西门豹的故事。西门豹与吴起都是地方的有能之士，而魏文侯特别重视地方政治。魏文侯的态度与《管子》中"地之不辟者，非吾地也；民之不牧者，非吾民也"的思想有异曲同工之处。

魏文侯派西门豹到地方赴任，临行之前，两人讨论起了官员的基本标准。这段故事出自《战国策·魏策》。

西门豹被任命为邺令，他向魏文侯辞行。

魏文侯说："您去吧，在那里一定能成就您的功业，成就您的美名。"西门豹说："臣冒昧地问一句，成就功名也有方法吗？"魏文侯说："是有方法的。找到那些乡邑里先于众人而坐的老者，进去访求其中贤良之士，并以礼相待，再找一些喜欢掩盖别人优点、张扬别人缺点的人来参照检验他们。事物多似是而非，深色的狗尾草幼小时像禾苗，黑黄色的牛因有黄色而像虎，白骨往往被疑作象牙，斌珷与美玉相类似，这些都是似是而非的。"

魏文侯表面上柔和，实际上眼神锐利，往往能够看透一个人的本质。西门豹把魏文侯的教诲铭记在心，抵达邺地之后，便召集年高而有名望的人，询问民间疾苦之事。① 那些人回答说："民间苦于给河神娶媳妇，百姓因此很贫困。"

西门豹询问缘由，他们回答说："邺地的三老（负责地方风俗的乡官）、廷掾（县令的属吏）常年向百姓征收赋税，他们收取的钱财达数百万之多，用其中的二三十万为河神娶媳妇，再同庙祝、巫婆一同瓜分其余的钱，收入私囊。那期间，巫婆四处巡视，见到贫苦人家的女儿中长得漂亮的，就说这应该做河神的媳妇，当即下聘礼娶走。然后为她沐浴，给她缝制新的绸绢衣服，替她在河边盖起斋居的房子，挂上大红厚绢的帐子，让女孩独住下来，静心养性。又给她宰牛造酒准备饭食，折腾十几天。到时，大家一同来装点乘浮之具，像出嫁女儿的床帐枕席一样，让这女孩坐在上面，放到河中漂行。起初那乘浮之具漂在水面上，但漂流几十里就沉没了。那些有漂亮女子的人家，害怕大巫婆替河神娶他们的女儿，因此大多带着女儿远远地逃离了。所以城里越来越空虚，人越来越少，生活更加贫困了，这种情况已经很久了。民间传说：'假如不给河神娶媳妇，河水就会冲来淹没田产，淹死那些老百姓。'"西门豹听完他们的倾诉，便说："等到为河神娶媳妇时，请三老、巫婆、父老们到河边去送新娘，也希望大家来告诉我，我也要去送新娘。"大家回答说："是。"

---

① 后文的故事是根据《史记·滑稽列传》整理而成的。

到了那一天，西门豹到河边同大家相会。三老、官吏、豪绅以及乡间的父老们都到了，连同观看的百姓共二三千人。那个大巫婆是个老太婆，年纪已有七十岁了。随从的女弟子十几个，都穿着绸子单衣，站在大巫婆后面。西门豹说："叫河神的媳妇过来，看看她美不美。"巫婆们就将新娘从帐子里扶出，带到西门豹面前。西门豹看了看，回头对三老、庙祝、巫婆及父老们说："这个女孩不美，烦劳大巫婆到河中报告河神，需要调换一个漂亮女孩，后天送她来。"接着就让士兵一齐抱起大巫婆投进河里，座中之人无不大惊失色。过了好一会儿，西门豹说："大巫婆怎么一去这么久还不回来？派她的徒弟去催促一下。"可以想见，此时西门豹的语调必定非常冷峻，于是士兵又把大巫婆的一个徒弟投进河中。西门豹佯装等了一会儿，便发起脾气来，说："徒弟怎么也一去这么久不回来呢？再派一个去催促她们！"便又把一个徒弟投进河里。总共投了三个徒弟。

西门豹又回头对在座的人说："巫婆、徒弟是女人，不会禀告事由，烦劳三老替我进去禀告河神。"士兵又把三老投进河里。西门豹头上插着笔，弯着腰，面对河水站着等了很长时间，长者、官吏和旁观者都非常害怕。西门豹这时回头说道："巫婆们和三老都不回来，这可怎么办？"于是命令再派廷掾和一个豪绅去催促他们，这时廷掾和豪绅都跪在地上磕头，把头都磕破了，血流到地上，面如死灰。西门豹说："好吧，暂且再等待一会儿。"又待了一会儿，西门豹说："廷掾起来吧，看情形河神留客太久了，你们都离开这里回家吧。"邺县的官吏、百姓都很害怕，从此以后，再也不敢提替河神娶媳妇的事情了。

我们应当从社会学的角度解读这个故事，而不应单纯地将其阐释为一段聪明人的趣闻轶事。古代的"人祭"源远流长，印度莫卧儿帝国的穆斯林皇帝想禁止印度的人祭，但一直未能除根，这是近在眼前的例子。地方的风俗习惯，即便明知是恶习，往往也很难连根铲除。

西门豹正在履行孔子所发动的人文学革命，国家的确需要一些恰当的仪式，但不能有迷信。仔细研读，我们就会发现，西门豹所采取的措施，形式虽是扭曲的，却表明了一种意志，即绝不能容忍现有的"地方自治"。

魏文侯通过李悝之口宣布，"日后国家会发挥大型粮仓的作用，并决定人们的生死"，这就是"平籴法"，笔者将会在补论部分论述平籴法的细节。魏国将不满足于自然所赋予的条件，而是"尽地力之教"。如今，没有人能置身国家以外，他们要耕地、服徭役、参加战争，无论是农民还是士大夫都要参加战斗。

西门豹在最前线贯彻着魏文侯的治国方略，在邺地征用百姓开凿灌溉设施，正是为了实践李悝的"尽地力之教"的思想。西门豹亲自整改地方盛行的风俗，也表明了不会接受地方属吏帮助、直接治理百姓的决心。总之，魏文侯任用人才的策略便是如此，在中央任用儒学者，在地方则任用懂得切实掌控、驱使百姓的人才。特别是魏文侯任用了许多刚强果断的贤能之士治理地方，与中央政治形成了均衡的局面，这也是魏文侯政治的一大特色。如果魏文侯不是一位高瞻远瞩的政治家，根本不可能有这样的规划。

就这样，魏文侯在地方培植了许多贤能之士，而在下一章，一流的地方贤能之士吴起就要登场了。那么，魏文侯想通过吴起实现怎样的政治理想呢？

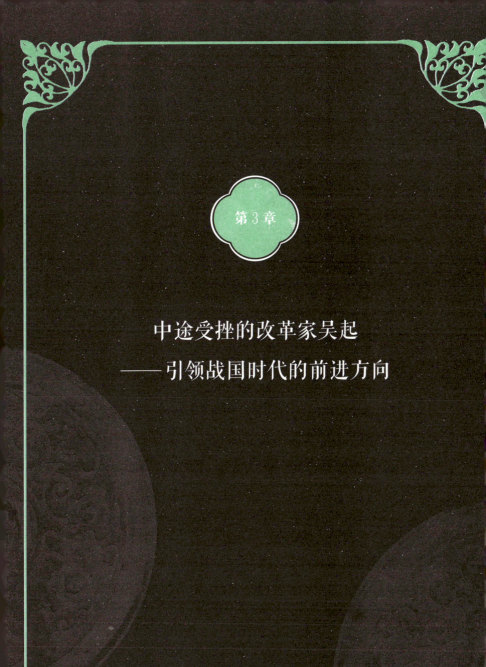

第 3 章

中途受挫的改革家吴起
——引领战国时代的前进方向

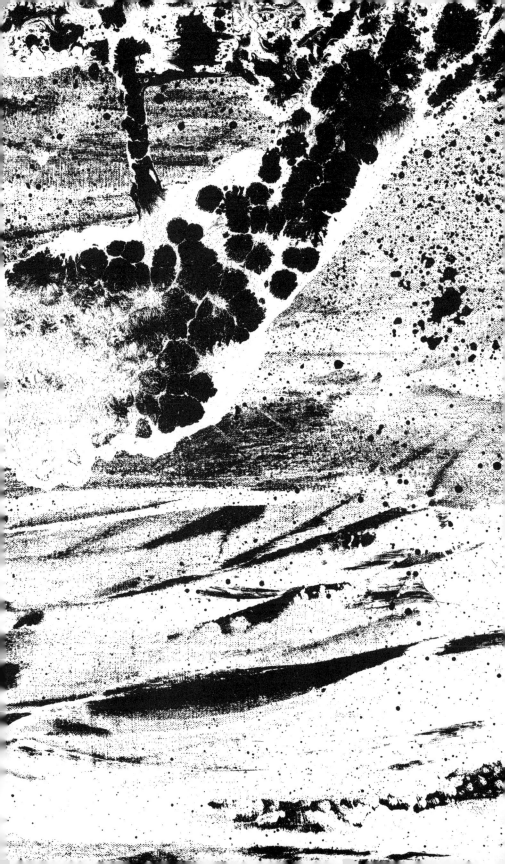

终于来到本书的核心部分了。笔者认为，吴起是战国初期一流的战略家和改革家。但是，就连许多博览古代典籍的人，对吴起的名字都有些陌生，那么吴起究竟能否担得起笔者的评价呢？

笔者自很久以前就开始阅读吴起的兵法与战略，并为之赞叹不已。他洞悉了战国初期的局势，并明确提出了下一阶段前进的方向。但后来我听说了吴起为了仕途而杀妻的故事，感到很失望，也很迷惑。果真即便没有伟大的人格，也不会妨碍他成为一位伟大的战略家吗？具有如此巨大性格缺陷的人，真的可以推动一场改变历史的改革吗？

确实，很多人虽有人格的缺陷，却也有一些小小的优点。但是，要在善变的君主手下，推动一场改变数百万人命运的改革，他的身上如果存在这么大的缺陷，能讲得通吗？人们会不会对吴起存在一些误会呢？无论是往好的方面，还是往坏的方面。

后来我读了郭沫若的《述吴起》，再次拍案叫绝。他用大师的笔触，解决了我所有的困惑。如果能早些拜读郭先生的这篇文章，我便不用到处搜集史料、冥思苦想了。下面我们来拜读郭沫若对吴起的评价。

> 吴起在中国历史上是永不会磨灭的人物，秦以前作为兵学家是与孙武并称，作为政治家是与商鞅并称的。然而在班固的《古今人表》上，把商鞅列为中上等，孙武列为中中等，吴起列为中下等，这不知道是以什么为标准。其

实在这三个人物里面，吴起的品格应该要算最高，列为上下等的所谓"智人"，应该是不会过分的。

郭沫若在《述吴起》中指出，吴起杀妻不过是"反动贵族们所假造出来的"，粉碎了关于吴起的各种谣言，解答了我内心的各种疑惑。笔者大抵上同意郭先生对于吴起的评价，但在具体的推理方式上却与郭先生有相当大的不同。在部分观点上，笔者会对郭先生的意见持保留的态度，在有的部分，笔者也会在郭先生论点的基础上更进一步推理。

在中国，吴起在很久以前就被钱穆等人平反了，但在韩国，人们依然对《孙子吴起列传》中的内容深信不疑，这对人们阅读中国古代思想史与战国史造成了一定的困扰。当然，韩国人在考察战国历史时，之所以会无条件地依赖于《史记》，是因为先秦与秦汉史书的韩文翻译工作才刚刚起步，其他的著作还基本上没有翻译。因此，我们可以接受前辈们的一些研究观点，但应当更进一步重新认识吴起。吴起值得我们重新评价，只要我们换一种角度去重新审视他，就会对战国时代的法律、军事、人事有不同的认识。下面我们就追随这位热血男儿的足迹，去领略他波澜壮阔的人生。

1. 吴起并没有杀妻

吴起到底有没有杀妻呢？这个问题让笔者困惑了许久。为了解决这个问题，我们首先来看一下《史记》中的记载，追踪吴起早期的生活足迹。

> 吴起者，卫人也，好用兵。尝学于曾子，事鲁君。齐人攻鲁，鲁欲将吴起，吴起取齐女为妻，而鲁疑之。吴起于是欲就名，遂杀其妻，以明不与齐也。鲁卒以为将。将而攻齐，大破之。

那么吴起是怎么来到鲁国的呢？这个秘密通过谗佞之口讲了出来。

> 鲁人或恶吴起曰："起之为人，猜忍人也。其少时，家累千金，游仕不遂，遂破其家。乡党笑之，吴起杀其谤己

者三十余人，而东出卫郭门。与其母诀，啮臂而盟曰：'起不为卿相，不复入卫。'遂事曾子。居顷之，其母死，起终不归。曾子薄之，而与起绝。起乃之鲁，学兵法以事鲁君。鲁君疑之，起杀妻以求将。夫鲁小国，而有战胜之名，则诸侯图鲁矣。且鲁卫兄弟之国也，而君用起，则是弃卫。"鲁君疑之，谢吴起。吴起于是闻魏文侯贤，欲事之。文侯问李克^①曰："吴起何如人哉？"

李克曰："起贪而好色，然用兵司马穰苴^②不能过也。"于是魏文侯以为将，击秦，拔五城。

以上就是《孙子吴起列传》的内容。世上真的有如此邪恶的人吗？居然会为了成就功名而杀妻，因为邻里的讥笑而杀掉三十多个人，母亲去世却只顾自己的前程而不回去祭拜。如果吴起真是这样的人，即便他有雄才伟略，也没有几个君主肯任用他吧？但一代明君魏文侯竟然任用了他，而魏文侯是一向很警惕那些才华横溢却品行不端的人的。

那么鲁国人的言辞值得相信吗？那些话难道不是在中伤、诋毁吴起吗？如果鲁国人所言非虚，那吴起得有多大的能耐，能够在杀死三十多人以后全身而退呢？既然知道他在故国杀死了三十多人，一向善于识人的魏文侯为什么会任用他呢？当时辅佐魏文侯的人全都是儒学者，他们将"修身"视为从政的出发点，为什么没有人将

---

① 原文为"李克"，但本文将李克与李悝统一为了"李悝"。

② 钱穆认为司马穰苴并非齐景公时的人物，而是后来的人物。因为征讨阿邑、鄄邑，侵黄河，都不是齐景公时发生的事情。(《先秦诸子系年考辨·田忌邹忌孙膑考（附：司马穰苴）》) 如此一来，我们便不能将这段话视为李悝所言。在《左传》的记载结束、战国时代伊始之时，《史记》的谬误特别多，这很有可能是因为司马迁在整理繁多的资料时记载出错，或在推测遗漏的部分时产生了失误。吴起列传中的内容中有许多前后矛盾的地方，这正是郭沫若批判的出发点。

吴起的"修身"视为一个大的问题呢？

笔者几乎可以确认，吴起根本没有杀妻。《韩非子·外储说右上》中留下了一条证明的线索。[1]我们留意查看下面的句子。

吴起之出爱妻，文公之斩颠颉，皆违其情者也。

首先这段话的背景是很重要的。韩非子想要表达的观点是，在一些情况下，人们往往需要做出一些极端的决定。当初晋文公率军入侵曹国，下令军队不得烧毁僖负羁的房子。因为从前晋文公被迫在各国流亡之时，僖负羁曾经款待过晋文公。但颠颉不听命令，纵火烧掉了僖负羁的房子，于是在战争取胜、颠颉立功的情况下，晋文公依然将颠颉斩首了。战争取胜之后却杀死立功的勇士，这种做法是否合适呢？韩非子想强调的是晋文公的行为是很极端的。那么吴起休妻也同样是一种极端的行为吗？首先我们要弄清楚吴起为什么要休妻。下面我们来整理一下《韩非子》中记载的与此相关的故事。

吴起是卫国左氏人，这件事情发生在吴起还在卫国的时候。吴起让妻子织丝带，结果幅宽比要求的尺度窄些。吴起让她改一下，他妻子同意了，等到织成，又量了量，结果还是不符合要求的尺度，吴起非常生气，就问她是怎么回事。他妻子回答说："我开头就把经

---

[1] 笔者的推理与郭沫若的见解有同有异。实际上，笔者是在几乎写完了这部分内容之后，才看到了郭沫若先生的《述吴起》的。大体上讲，笔者的论证方法是通过更早的资料来推翻《史记》的记载，更重视"人的想法"，而郭沫若则强调各种资料之间的矛盾性，或史料中综合起来看不合理的地方。由于有关吴起的史料有限，因此笔者引用的史料和郭沫若论文中的内容很多都是重复的。至于笔者与郭沫若的主张有哪些异同，笔者将不再一一罗列。但需要指出的是，在大的方向上，笔者与郭沫若都认为诋毁吴起的那些话大抵是没有根据的。对于自己的推理与钱穆的推理的一致之处，郭沫若也没有一一指出，因为人们基本上可以通过常识判断真假。

线确定好了，不可以更改了。"于是吴起便休掉了她。回到娘家之后，吴起的妻子请求哥哥替自己央求吴起让她回去，她哥哥便说出了下面的一番话："吴起是制定法令的人，他制定的法令，是用来为大国建立功业的。他必须首先在自己妻子身上兑现，然后才能推行开去，但你不仅违反了他制定的法令，而且还不改正，所以你不要再抱有回去的希望了。"但他还是去请求吴起了。当时吴起妻子的弟弟被卫君重用，他就凭着被卫君器重的身份去请求吴起，吴起不听从，便离开卫国到魏国去了。

在笔者看来，这段故事太富有戏剧性，很难当作史实来理解。但这段故事足以证明，在《韩非子·外储说》成书的时期，关于吴起的"极端行为"，世间广泛流传的版本是他无情地休妻这一事件。这与晋文公斩颠颉一样，都被视为"极端"的行为。如果韩非子需要"极端"的例子，举出吴起杀死出身齐国的妻子岂非更为恰当？因此我们可以推测，吴起杀妻是子虚乌有的。

另外我们还需要注意的一点是，在《韩非子·外储说》的创作时期，世间所流传的故事版本是：吴起离开卫国的原因是受到卫国公室的憎恶，而不是犯罪逃出了卫国。由此我们可以推测，在《史记》创作的时期，人们对吴起的评价比《韩非子·外储说》成书的时期更糟糕。这个版本后来经过改编再次登场。我们再回到《史记》中去，此时画风陡然一变，吴起突然从一位杀妻的狠毒丈夫变成了一位与战士同甘共苦的仁慈将领。

起之为将，与士卒最下者同衣食。卧不设席，行不骑乘，亲裹赢粮，与士卒分劳苦。卒有病疽者，起为吮之。卒母闻而哭之。人曰："子卒也，而将军自吮其疽，何哭为？"母曰："非然也。往年吴公吮其父，其父战不旋踵，遂死于敌。吴公今又吮其子，妾不知其死所矣。是以哭之。"

文侯以吴起善用兵，廉平，尽能得士心，乃以为西河守，以拒秦、韩。

这段记载也很奇怪，就在不久之前，李悝还说吴起"贪而好色"，如今魏文侯却认为他"廉平"（廉洁不贪、待人公平），难道吴起如此狠毒、如此善于伪装，可以变化得如此彻底吗？

秦国与吴起之间的战事最多，可谓吴起的仇敌，也最了解吴起的为人，那么在秦国人编纂的史书中，为何将吴起描绘得如此清廉呢？笔者归整了所有评价吴起为人的文章，发现它们均记载吴起为人率真。《吕氏春秋·观表》中甚至还有这样的一段记载。

> 微虽易，表虽难，圣人则不可以瓢矣。众人则无道至焉。
> 无道至则以为神，以为幸。非神非幸，其数不得不然。邱成子、
> 吴起近之矣。

那么，吴起是如何先知先觉，获得了近乎圣人的评价呢？因为吴起曾指出，只要魏国以西河为基础压制秦国，便可以灭秦，而如果失掉西河，魏国便会被秦国侵吞。在同一篇章中，为吴起驾车的车夫曾经这样评价吴起："我私下观察您的心志，您把舍弃天下看得像扔掉鞋子一样（视释天下若释蹻）。"

在这位车夫看来，吴起是那种即便把全天下都给他，他也不见得很高兴的清廉之士。我们究竟要相信谁的话呢？是要相信诋毁之人呢，还是相信他的君主魏文侯，以及每天侍奉左右的车夫？正如郭沫若所指出的，除了列传之中记载的谗佞之言以外，其他任何史书中都没有吴起杀妻的记载。

对于吴起的记载，《史记》中有太多让人难以置信、自相矛盾的内容，甚至《史记·魏世家》中还有魏武侯九年"使吴起伐齐，至灵丘"的记载，而此时吴起早已死在了流亡地楚国。因此，对于这段记载，要么是年代记载错误，要么是伐齐的将领并非吴起，只能

是此两种情况之一。据笔者推测，司马迁在编纂列传时，肯定参考了许多种类的记载，在对这些史料进行取舍的过程中而产生了自相矛盾的地方。

另外，还有一个证据可以证明吴起没有杀妻。《战国策·魏策》中有魏国"索吴起之后，赐之田二十万"（有可能有所夸张）的记载。这是国家发布的布告，真实性极高。如果我们相信《韩非子》和《史记》的记载，所谓的"吴起之后"，应当是吴起在卫国休掉的妻子所生之子，或是吴起在齐国时杀死的女人所生之子，抑或是他到魏国之后娶的第三位妻子所生之子（或吴起的孙辈）。假设吴起在卫国真的杀死了三十多人并慌忙逃到了东门，肯定无法带着儿子逃走，如此一来，这里的儿子极有可能是齐国女子所生之子。假设吴起在魏国娶了第三位夫人，并且生了儿子，那么魏文侯真的会像《史记》中记载的那样，把公主嫁给又老又有妻子儿女的吴起吗？这样一来，吴起就成为一个杀死妻子后，却带着这个妻子所生之子逃亡的奇特之人。既然他如此珍爱自己的儿子，那么在他流亡到楚国之时，为何将儿子放在魏国不管不问了呢？如果我们相信《史记》的记载，就要承认这一切让人无法理解的事情。而且《史记》中污蔑吴起的人，连姓名都没有。

过去的事情我们虽然已没有办法确认，但总而言之吴起杀妻的可能性是很小的。我们不必通过那些芜杂的故事去印证，只需要通过吴起的思想本身就能体会。吴起在《吴起兵法·图国》之中曾经说过："凡制国治军，必教之以礼，励之以义，使有耻也"，明确地表明了他身为一位儒学者的思想，而且他所有的言辞也都是关于信义与礼仪的。与《孙子兵法》相比，《吴起兵法》更加重视基本的道理，而不是权宜之术。一个杀妻之人，真的能够不知廉耻地高谈阔论有关羞耻的问题吗？这样的人谈论礼义廉耻，又有谁会肯听呢？

法家的改革家大抵很难避免宗室的憎恶，这是因为法家的改革试图打压宗室与贵戚，提高君主的地位，将君主与百姓直接联系在一起。正如《韩非子》所记载的那样，有可能当吴起试图在魏国推行改革时，遭到了那些人的憎恶，但这一点并不确定，我们唯一可以确定的一点是，无论对自己还是对别人，吴起的要求都相当严格。吴起一旦确定了一个原则，就算是天塌下来也不会更改。正因如此，必定有许多人曾因吴起的这种秉性而受到伤害。前文我们曾提到魏文侯为了不违背与虞人的约定，而离开酒宴的事情，《韩非子·外储说》中记载的吴起，令人想起了魏文侯的那番举动。

吴起出门，碰到了老朋友，就约人家一起来家里吃饭。老朋友说："好吧，我（先去办事）马上就来吃饭。"

吴起说："好，那我等您来吃饭。"结果老朋友到了晚上还没来，吴起便不吃饭等着他。结果那天老朋友一直没来，吴起就一直没有吃饭。第二天早上，吴起派人去请老朋友。老朋友来了，吴起才和他一起吃饭。对于吴起来说，一诺可以抵千金。

魏文侯与吴起都十分重视信义，甚至给人一种强迫症的感觉。一国之君如果能够彻底地遵守约定，便是一种口口称颂的美德，而如果一个毫无根基的改革家也执着于小的约定，人们往往就会嘲笑他是一个窝囊废。总之通过上文的分析，我们可以得出的结论便是吴起并没有杀妻。

2. 如鱼得水

吴起离开鲁国之后，到了魏国。当时魏文侯受到天下广泛的赞誉，是一位旷世"明君"。那么，吴起是何时离开鲁国的？具体的原因又是什么呢？《韩非子·说林上》中记载了一个有趣的故事。

鲁季孙刚刚杀了他的君主，吴起当时在那里做官。有人对吴起说："死去的人，刚死时流血；血流尽了，皮肉就枯缩；皮肉枯缩后，就成了残骸；然后残骸又会化成土；等化成土后，就再也没有变故了。

现在季孙刚刚把鲁君杀掉，往后的变化恐怕就难以弄清楚了！"

吴起因而离开鲁国，到魏国去了。

这段记载让人们对于吴起离开鲁国的时间颇有争议。当吴起还在鲁国时，果真有季孙氏杀死了鲁国的君主吗？如果真的如此，那么季孙氏杀死的又是哪位君主呢？公元前437年鲁悼公薨，鲁元公即位。鲁元公在位的时间大抵在公元前436年至公元前416年之间，他极有可能是吴起在鲁国时被弑的那位君主，但关于鲁元公被弑的记载却不见于任何史书。那么，有没有可能季孙氏所杀死的并非鲁国君主，而是自己宗族的主君呢？如果是这样，吴起离开鲁国的时间就更无法知晓了。如果季孙氏杀死的是鲁元公，那么吴起应当是在公元前416年就离开了鲁国。吴起离开鲁国的原因，是他根本无从在国力孱弱且混乱不堪的鲁国施展抱负。此时，吴起已经接连在两个国家受挫，这时，他又来到了西方的魏国。我们先假设吴起到魏国是在公元前416年之后。

当时魏文侯正在不拘一格地任用人才，麾下已经聚集了李悝、翟璜等一大批卿大夫，他们每每看到有用的人才，便会立刻向魏文侯推荐。综合各种史书的记载，应该是翟璜首先发现了吴起，并报告给了魏文侯，而魏文侯便向李悝询问吴起的人品。他们之间具体进行了怎样的对话我们不清楚，大约是李悝建议魏文侯亲自见一见吴起。

于是，吴起便穿戴起儒生的衣冠，带着治军打仗的谋略去谒见魏文侯①，那么他提出了怎样的方略呢？

---

① 笔者将现行《吴起兵法》序言部分的场面稍微加入了一些情节，方便读者的理解与阅读。史书中并没有吴起到魏国去谒见魏文侯的场面，只有《吴起兵法》中戏剧性地描绘了这一场景。可以确定的是，《吴起兵法》的内容本身并非吴起自己写作的，而是由别人写成的。大概是吴起学派的弟子们收集了吴起的语录（或是被推测为语录的东西）编纂而成的。但是，这与吴起兵法原本的思想究竟有多大的距离呢？今日所留存的六篇与《汉书·艺文志》中所记载的四十八篇究竟有何不同呢？今天的《吴起兵法》与原来的风貌究竟有多大的差异，我们已经无从知晓，但吴起不同于孙武，他在历史上留下了显著的踪迹。《吴起兵法》为司马迁、

魏文侯见到吴起之后，故意说了一些假话。他说："寡人对治军打仗方面的事情并不感兴趣。"热血男儿吴起说话总是直截了当，他说："臣下根据外现的来观察隐藏的，根据过去推断未来，君王为何言不由衷呢？如今君王一年四季派人杀兽、剥皮、制革，并且在革上涂上红漆，画上花花绿绿的图案，烙上犀牛和大象的图像，这些东西，冬天穿着不暖和，夏天穿着不凉快。君王又派人打造二丈四尺的长戟和一丈二尺的短戟，制备可以遮挡大门的革车（覆盖着皮革的战车），这战车看起来并不华丽，用它去打猎也不轻便，不知道君王要拿它们做什么。如果是用来准备作战、退而求守，却又不寻求会使用它们的人，这就好比孵雏的母鸡去和狸猫搏斗，也好比哺乳的母狗去挑衅老虎，虽然有拼命的决心，却必然丧生。"

这里吴起用母鸡攻打狸猫来比喻魏国和秦国的劣优关系。

吴起接着说："从前，承桑氏的国君因只讲文德，废弃武备而丧国；有扈氏的国君因仗恃兵多、凶狠好斗，也亡国了。英明的君主有鉴于此，必然对内修明文治，对外加强武备。所以，当敌人来战而不敢进攻，这说不上是义；看到（百姓的）尸体才哀伤，这也算不上是仁。"

"内修文德，外治武备"的意见与孔子的主张是一致的，特别是这里的"文德"，并不是一个单纯的修饰语。《论语·季氏篇》中曾经指出，小国吸引人们的办法就是"修文德以来之，既来之则安之"，吴起在这里说的也是这个意思。"我并非只是学习治军方略的人，我还懂得治国之法。"吴起的态度就是这样光明正大，言辞也很犀利。

魏文侯听到吴起的回答以后，瞬间发现了吴起的真正价值。于是魏文侯亲自安排座席，让夫人奉酒，在祖庙宴请吴起，然后任命

（接上页）班固、曹操所熟知，它在流传的过程中应该不会变成迥异的风貌，只是在传承到今天的过程中，有不少篇章遗失了。因此《吴起兵法》可视为战国资料宝库。作为一份史料，《吴起兵法》具有很高的参考价值。笔者在本书中将会积极借鉴《吴起兵法》的内容，因为笔者认为除了《吕氏春秋》，再没有比它更值得信赖的史料了。

吴起为大将。魏文侯视吴起为老师，向他咨询治理国家的方法。①

吴起回答说："从前想治理好国家的君主，首先必定教育贵族百官亲近民众（必先教百姓而亲万民）。有四种不和的因素我们需加以注意：国内人心不统一，不可以出兵；军队内部不团结，不可以上阵；临阵队伍不一致，不可以进攻；战斗动作不协调，不可能取胜。所以英明的君主在征召百姓前，务求内部团结一致才兴师出兵。凡有所谋，不敢偏信个人的谋划（不敢信其私谋），一定要到祖庙祭告，用大龟占卜吉凶，并观测天时，是吉兆才敢行动。民众知道君主爱护他们的生命，不忍心看他们死亡，竟然周到至此，所以与君主共赴急难时，就会以拼死效命为荣，而以退却偷生为耻。"

在这里，吴起强调的是军队必须上下一心，而墨子也很重视这一点。荀子在《议兵》中曾经提到"故王者之兵不试"，也就是说，王者的军队在作战之前就已经取胜了。百姓不能与之同心的军队，即便能审时度势地运用权谋计策，也只不过是以卵击石。吴起的兵法大体将"正策"放在前面，而将"奇策"放在后面。

那么怎样才能做到上下一心呢？吴起继续说道："凡治理国家、管理军队，必须用礼来教育，用义来鼓励，使他们有羞耻之心。人如果有了羞耻之心，力量强大者就可以出战，力量较小者就可以防守。然而战胜敌人容易，但要守住胜利的成果往往却很困难。所以说，进行战争的国家（天下战国），得胜五次会招致祸患，得胜四次会导致疲惫，得胜三次可以称霸，得胜两次可以称王，而得胜一次能成就帝业。因此，很少有国家能靠频频打胜仗而取得天下，但却

---

① 现有的《吴起兵法·图国篇》有两种文体。前面的几句以"吴子曰"开头，给人一种总述的感觉，然后突然变成了"武侯问曰""起对曰"的形式。武侯所提出的问题与前面总论部分相比水平有所下降。《图国篇》的开头几句必定不是在单纯地讨论方法，而是在谈论经营国家的基本方法，这肯定是对君主疑问的回答。提出这些问题的君主会是谁呢？笔者果敢地推断是魏文侯，因此这里以魏文侯向吴起提问的形式写就，敬请读者知晓。

有很多国家由此而亡国。"

吴起认为国家不能经常进行战争，而且战场上的胜败取决于我军的态度，如果百姓懂得礼义廉耻，便已经取得了战争的胜利。因此，吴起说："如果行为不符合'道'，举动不合乎'义'，即使掌握大权，身居要职，祸患也必将临头。为此圣人用'道'来安定天下，用'义'来治理国家，用'礼'来动员民众，用'仁'来抚慰百姓。这四项美德，发扬它，国家就兴旺，废弃它，国家就衰败。商汤讨伐夏桀而夏民喜悦，周武王讨伐商纣而殷人不怪罪，是由于他们的行动顺乎天理、合乎人情。"

魏文侯预感到，吴起将会为魏国的江山奠定基础，如果能好好地任用他，必能成就一番霸业。吴起只是一介来自小国的小人物，可魏文侯给他的待遇却是破格的。他没有任用国内不计其数的勇将，而将西河托付给了这个没有任何根基的流亡之士。

西河是一片怎样的土地呢？它位于黄河西面的前沿，几乎每天都会发生战争。说得严重一些，西河就像是秦国的缰绳。如果秦国想经过西河向东，那么就要忍受脖子被缰绳勒住的危险，而秦国如果仅关注西方，那么西河的土地又会牵制住秦国的尾巴，让它不能前进。吴起，这个人果真会满足于固守西河城池吗？

3. 西河统帅

热血男儿踏上西河的土地

这位战国初期兵家的顶尖高手来到边防以后有哪些作为呢？接下来我们就会目睹。[①]

---

① 在唐朝魏征编纂的《群书治要》39卷《吕氏春秋》部分出现了如下的一段对话，现行本的《吕氏春秋》中则没有这段记载，大概文章当时还在流传，后来却散佚了。下面的对话中，提出问题的主体虽然是魏武

在吴起即将动身去西河之际，魏武侯问他："先生打算如何治理西河？"吴起答："用忠信勇敢来治理。"魏武侯问："何为'忠'？"吴起答："就是'忠于君主'。"魏武侯问："何为'信'？"吴起答："就是'相信人们'。"魏武侯问："何为'勇'？"吴起答："就是'勇于清除不肖之人'。"魏武侯问："何为'敢'？"吴起答："就是'果敢地任用有能之士'。"魏武侯说："有这四样就足够了。"

因为没有私心，吴起总是这样光明磊落。对于任何问题，吴起的回答总是简单直接，没有太长的修饰语。换成今天的语言，吴起的话可以理解为："请大王相信臣的忠诚，那么臣会让百姓相信臣、追随臣。对于忤逆者与无能之辈，臣会毫不犹豫地清除，遇到优秀的人才臣会毫不犹豫地任用。"

吴起从来不会言不由衷，他还是一个言必信、行必果的人。当时秦、魏正在西河紧张对峙，具体的情形如何呢？我们首先需要了解一下西方秦国的情况。魏国的运气实在好得很，晋国三分之时，西方的秦国正陷入内忧外患之中，没有余暇攻打东方。公元前430年，北方的义渠攻打到了秦国的渭阳。渭阳就是渭南，义渠攻打到渭南，意味着秦国的首都雍城和河西地区的交通被切断了。简单来说，这意味着关中地区被一分为二，秦国被困在狭小的渭水上游了。

自春秋时代起，秦国和晋国（战国时代的魏国）为了拉拢位于两国中间的异族而费尽心机。进入战国时代以来，秦国因西方的绵诸、北方的义渠、东方的大荔而伤透脑筋。如果不能彻底让这些民族降服，秦国东进时就会惶恐不安，其中最令秦国恐惧的势力当属义渠。义渠不断地与秦国发生冲突，有时还会与东方诸国联合起来，参加反秦战线。要削弱义渠还要等一百多年的时间。

（接上页）侯，但换成魏文侯也无妨。吴起在魏文侯时就已经着手治理西河，而魏武侯在做太子时曾经在西河作战，当时吴起曾经辅佐过他，这段对话也有可能发生在当时。笔者希望读者在阅读该对话时将魏武侯换成魏文侯来解读。

秦国内部的状况也不容乐观。义渠攻打秦国五年之后，秦国发生了一场政变。秦躁公死后，他的弟弟秦怀公登基，但秦怀公的基础似乎很薄弱，庶长子晁便联合大臣发动政变，杀死了秦怀公，立秦怀公的孙子为王，即秦灵公。政变所拥立的君主在早期往往很难主导政局，这种情况持续了好多年。

看到秦国正逢难关，魏文侯不可能错失这个绝好的机会。他趁秦国内忧外患，在少梁筑城，表明了要以河西为根据地，图谋西方的意志。当初梁国为秦穆公所灭（公元前 641 年），灭亡后便被称为少梁。那么，这片土地何时又为魏国所有了呢？在秦晋长时间的斗争史上，少梁的主人极有可能几经更迭。据《史记·六国年表》的记载，魏国在少梁筑城的次年，秦国就攻打了少梁，第三年，魏国再次在少梁筑城。

在少梁筑城，表明了魏国的坚决意志，就算与秦国在西河地区发生冲突也在所不惜。少梁的地形便于从后方供给军粮，黄河在左，大山在右，乃是兵家必争之地，既可以退而固守，也可以根据情况发动进攻。

少梁落入魏国之手以后，秦国也在黄河岸边挖了战壕，修建了城池。秦国修建的城池具体位置已不可考据，但应该距魏国的少梁城很近，也有可能位于少梁城的北方。

根据《六国年表》的记载，两年之后，秦国做了这样一件事："补庞，城籍姑。（修葺繁庞，在籍姑筑城。）"也就是说，繁庞本就有之，而籍姑则是新修建的。而秦国在黄河边上挖战壕，新修建的城池应当是另一座城。一般推测，繁庞城位于少梁东边的黄河边上，但具体位置无从考据。从修建的目的来看，籍姑城应当距离少梁城很近。据《括地志》的记载，籍姑城位于少梁城以北。[①]总之，魏国企图以少梁为根据地，侵吞黄河以西的土地，而秦国则在既有城池

---

① 《括地志》记载："籍姑故城，在同州韩城县北三十五里。"

的基础上，又新修建了一些城池，围绕、迫近少梁，对其施压。

魏国将黄河以西的地方称为西河，如果魏国能完全掌控这一带，秦国就会面临被迫保卫本土的局面，形势就危急了。就在魏文侯企图以西河为根据地进攻秦国，秦国企图将魏国的势力赶出西河的危急时刻，吴起来到了西河。

基础牢固的军队必定会战胜敌人

吴起的军队果然有那么强悍吗？《尉缭子·制谈》中记载了尉缭向秦始皇游说的一段言辞。

> 一贼仗剑击于市，万人无不避之者。臣谓非一人之独勇，万人皆不肖也。何则？必死与必生，固不侔也。听臣之术，足使三宰之众为一死贼，莫当其前，莫随其后，而能独出独入焉。独出独入者，王霸之兵也。
>
> 有提十万之众，而天下莫当者，谁？曰桓公也。有提七万之众，而天下莫当者，谁？曰吴起也。有提三万之众，而天下莫当者，谁？曰武子也。

尉缭子指出吴起的七万士兵天下无敌，但其他史书却都记载说吴起的军队只有五万人。七万人可以组成三军的两个兵团，而五万人甚至连两个兵团都组建不起来，从战国时代的军队规模来说，并不算很大。但无论大小战役，吴起的军队都所向披靡，呈摧枯拉朽之势。那么，吴起究竟在前线采用了怎样的政策，才打造出了这样一支天下无敌的强大军队呢？他的回答很简单："为士兵作战提供条件，对战争的结果赏罚分明，在任何情况下都不失去信义，那么军队就强大起来了。"

《吴起兵法·治兵篇》中有这样一段问答。

魏武侯问道："用兵打仗，首先要注意哪些问题？"

吴起回答说:"首先要懂得四轻、二重、一信。"

魏武侯又问:"此话怎讲?"

吴起回答说:"所谓'四轻'就是:地形便于跑马,马便于驾车,车便于载人,人便于战斗。熟悉地形的险易,就便于纵马奔驰;饲养得时、战马健壮就便于驾车;车轴常保润滑,就便于载人;武器锋利、铠甲坚固,就便于士兵战斗。"

这与《管子》中"器无方则愚者智(握有无法防御的武器,愚蠢的人也会变得精明)"的主张是一致的。吴起绝不会要求战士们拿着不如对方的武器,仅凭精神意志与敌人作战。士兵只需要在最好的条件下参加作战就可以了,掌握地形,准备战车、兵器,备好充分的粮食,这些都是将军的分内之事。

那么,二重、一信又是什么意思呢?吴起接下来的言论至关重要,而这也是吴起的军队天下无敌的原因。

所谓"二重"就是:勇敢前进就有重赏,怕死后退就要重罚。(进有重赏,退有重刑。)

这一部分淋漓尽致地体现出了吴起法家的特点。原则很简单,前进就有赏,后退就要罚。商鞅将吴起的思想带到西方的秦国,并进一步发展了吴起的思想,即士兵砍下敌人的头颅便会被授予爵位,而后退则会依照连坐进行处罚,商鞅的这种改变其实十分机械。与商鞅不同的是,吴起思想的底色是儒家。

魏武侯还问了吴起一些其他的问题。[①]

魏武侯问道:"刑罚和奖赏都很严明(严刑明赏),是否就足以打胜仗了?"

吴起回答:"关于赏罚严明的问题,臣不能尽道其详(这是君主的职责)。但是,臣认为不能完全依靠刑赏严明就可以打胜仗。只有发号施令,人人都乐意听从;兴师动众,人人都乐意出战;与敌交战,

---

① 前揭书,《励士》。

人人都乐意效死。这三项才是君主能够打胜仗的依靠。"

魏武侯又问："如何才能做到这三点呢？"

吴起回答说："君王可以选拔有功的将士设宴慰劳，让未曾建功的人也来参加，并给予鼓励。"

吴起认为，对于有功之士要大肆奖励，对于无功之人则应予以激励。他并没有像商鞅那样威胁士兵，如果后退就无条件地处死他们。按照吴起的主张，君主与将军在发动战争之前，必须做好必胜的完全准备，因此，他也不会给士兵什么严重的处罚。在这里，我们可以再次感受到以吴起为代表的前期法家和以商鞅为代表的后期法家的差异。

将帅无戏言

吴起接着说："在做所有的事情时必须讲信用（行之以信）。"

所谓的"行之以信"指的就是不妄言、不说空话、不根据人情随意改变标准。吴起到达西河以后，为了证明自己值得信赖，自导自演了一幕戏剧。《吕氏春秋·慎小》中记载了这一段有趣的故事。

吴起治理西河时，为了向百姓表明自己的信用，就派人夜里在门外竖起一棵木柱，对全城百姓下令说："明天如果有人能把南门外的木柱扳倒，就让他做长大夫。"第二天一直到天黑，也没有人去扳倒木柱。人们在一起议论说："这些话一定不是真的。"有一个人说："我去把木柱扳倒试试，最多得不到赏赐罢了，有什么损失？"这个人便去扳倒了木柱。侍从来禀告吴起，吴起出来确认过以后，果真任命他为长大夫了。次日吴起又立起了木柱，这次木柱埋得很深，全城人争相去扳木柱，但谁也没有能够扳倒。①

《韩非子·内储说上》中也记载了一个类似的故事。

---

① 后来商鞅也有同样的举动。或者是商鞅照搬了吴起的做法，或者是后人将吴起的故事搬到了商鞅的身上。无论如何，这段故事很好地说明了吴起对商鞅的影响之大。

魏武侯时，吴起担任西河的郡守，秦国有个小哨亭靠近魏境，吴起想攻下它。不除掉小哨亭吧，会对魏国的种田人构成很大危害；要除掉小哨亭吧，又不值得为此征集军队。于是吴起就在北门外靠置了一根辕木，然后下令道："谁能把它搬到南门外，就赏给谁上等田地、上等住宅。"

一开始没有人去搬它，后来有人试着搬动它，吴起便立即照令给他行赏。

不久，吴起又在东门外放了一石赤豆，并下令说："谁能把它搬到西门，赏赐如前。"人们抢着搬它。于是吴起下令道："明天将攻打哨亭，有能先上去的，任命他做国大夫，赏他上等田地、住宅。"

于是人们争先恐后攻打哨亭，一个早上就拿下了。

得之国强，去之国亡的良将

吴起在西河进行农耕，建造了粮仓，准备进行持久战。秦国发现吴起在准备进行持久战以后，便紧张起来了。吴起的第一个计划便是将洛水沿岸至华山一带变成魏国的国境线。[①]这样秦国就成了一只被困在笼中的猛兽。

据《六国年表》的记载，公元前413年与公元前412年，以及公元前409年，魏国和秦国之间曾经展开激战。当然，综合各种史籍的记载来看，该战争名义上的指挥官是公子击（后来的魏武侯），但实际统率应当是吴起。[②]第一阶段的作战是沿着黄河，攻下华山

---

① 魏长城大概就是从吴起攻击西河以后开始建造的，至今依然屹立不倒。《秦本纪》有秦孝公元年（公元前361年）"魏筑长城，自郑滨洛以北，有上郡（魏国修筑长城，从郑县筑起，沿洛河北上，北边据有上郡之地）"的记载，这段话应当不是说魏国从秦孝公元年开始修建长城，而应当是指当时魏国的国境线。南起华山，北越黄河，沿着洛水修建长城正是吴起规划的。

② 《吴起兵法》中魏武侯与吴起之间的对话频繁出现的原因应该也在于此。实际的情况是，当时的对话极有可能是在吴起与公子击之间展开的，但后来公子击登基、薨逝以后，这里便相应地改成了他的谥号"魏武侯"。

以北的要塞。对此，《六国年表》中的记载很简单，即"与晋战，败郑下（秦国在郑下击败了魏国）"。从这段记载来看，吴起在这次战争中似乎并没有取得很大的胜利。

接着在公元前408年，魏国再次攻打郑下，这时公子击已经动身去了中山国，因此，这次作战全部由吴起指挥。在这次战争中，魏国大获全胜，接着就在要塞筑起了城池。看到吴起日益逼近，秦国万分焦急，遗憾的是《史记》中没有详细地记载当时的战争情况。

接下来就让我们通过《吴起兵法》的许多篇章与其他史籍，来复原一下当时的情景。吴起的胜利就始于此时。究竟是何种力量让他成为胜利的代言人呢？《论将》篇中吴起谈到了战场上将帅必备的几个素质。①

吴起说："文武兼备的人，才能胜任军队的将领。刚柔并济的人，才可以统兵作战。一般人评论将领，往往只看他的勇敢，其实勇敢对于一个将领来说，不过是必备的若干条件之一。只知道勇敢的人，必定轻率应战，轻易与敌交战而不顾及利害，是不可取的。所以，将领应当谨慎的有五件事：一是理，二是备，三是果，四是戒，五是约。所谓理，是指治理众多的军队如同治理少数军队一样（有条理）；所谓备，是指军队一出动就要像会遇见敌人一样保持戒备；所谓果，是指临敌交战时果敢而不考虑个人的死生；所谓戒，是指即使打了胜仗还要如同初战那样谨慎；所谓约，是指法令简明而不烦琐。只要接到了命令，顾不上与家人道别便上路，击败敌人后才说班师回朝的话，这是将领应该遵守的准则。所以，将领从率军出征那一天起，就抱定了只有光荣牺牲，绝无忍辱偷生的决心。"

笔者认为这段话可视为吴起在告诫公子击："作为代表君威之人，既然出发去远征，只有取得胜利之后才能回去。"

---

① 《吴起兵法》并非编年体史书，吴起在作战中的场面在史书中出现的也不多。笔者将《论将》篇进行了一定的加工润色，即吴起在向奔赴战场的公子击传授一些心得，希望读者在阅读时留意。

吴起继续嘱咐公子击说："但凡用兵打仗，有四个应当注意的关键：一是掌握士气，二是利用地形，三是善于谋事，四是发挥兵力。三军之众，百万之师，安排轻重装备（轻型战车与重型战车，或轻型装备与重型装备，或轻武装的士兵与重武装的士兵），系于将帅一人，这就是掌握士气的关键；狭险道路，名山要塞，十人防守，千人不能通过，这就是利用地形的关键；善于使用间谍，用轻骑不断骚扰敌人，以分散其兵，使敌人君臣不和，上下互相责怪，这就是善于谋事的关键；战车及其零件十分牢固，战船及其橹桨极为结实，士卒熟悉战阵，战马善于驰骋，这是发挥兵力的关键。懂得这四个关键，才可以担任将领。

"而且他的威信、品德、仁爱、勇敢，都必须足以为全军之表率，且能安抚士众，威慑敌人，决断疑难。他发布命令，部下不敢违背，所到之处，敌人不敢抵抗。得到这样的将才，国家就强盛，失去这样的将才，国家就要灭亡（得之国强，去之国亡）。这就叫作良将。"

吴起夸下海口，国家如果没有像自己这样的良将就会灭亡，这种率直正是吴起的弱点。吴起在对待上级时太过耿直，甚至会给人一种傲慢的感觉，但在战场上对待部下时，却总是充满关怀。《尉缭子·武议》篇中记载了吴起在出战时的种种举动。对此，尉缭子评价说，吴起平时刻苦努力，使自己具备将军的资质，却不想给下属增加负担。

　　吴起与秦战，舍不平陇亩，朴樕盖之，以蔽霜露。如此何也？不自高人故也。乞人之死不索尊，竭人之力不责礼。故古者，甲胄之士不拜，示人无己烦也。夫烦人而欲乞其死、竭其力，自古至今，未尝闻矣。

简单来说，吴起的要旨就是"在战场上不要给拼死作战的战士们添加麻烦，要让他们全力作战"。

吴起还曾经犀利地指出将军的职责所在。有一次，吴起临阵指挥战斗，左右之人为他呈送上宝剑，结果吴起说："将帅的主要职责是发号施令（将专主旗鼓耳）。在危难的情况下做出决断，指挥军队去作战。直接拿起兵器与敌人格斗，这不是将帅的职责。"

　　在实际作战中，刀剑基本上没有什么威力。左右呈送上宝剑，不是为了让他拿起宝剑参加战斗，而是表示忠诚，让将军处死那些不听从命令的人，但吴起却干脆利落地拒绝了。在战场上，将军并非刑吏，而是充当像父亲一样的角色。

　　吴起视军队为一个巨大的有机体，认为只有全体行动起来、相互合作，才能取得胜利。没有作战的勇气当然是一个很大的问题，但倔强逞勇也不能被原谅。对于吴起来说，命令就是原则。

　　有这样一件事。吴起与秦军作战，两军尚未交锋，有一人自恃其勇，独自冲向前去，斩获敌人两个首级回来。吴起要立刻杀他，军吏请求说："这是个有本领的人，不可杀掉。"吴起说："所谓的勇士难道是指这种人吗？我还没有下令进军呢！"结果还是把他杀了。

　　吴起便这样开始了与秦军的作战，不断地创造着不败的神话。据说吴起在七十六次战役中有六十四次大获全胜，剩下的十二次则与敌军战平，当然这里面可能有虚构的成分。郑下之战大概就属于十二次战平中的情况。

信念坚定的名将

　　第二年，吴起与公子击攻下了繁庞城，并赶走了秦国的百姓，目的应该是解除少梁的威胁。只要攻陷了繁庞城，那么籍姑城也就无法发力，威胁少梁的堡垒也就都变成了无用之物。繁庞应位于少梁东面的黄河岸边，攻陷繁庞之后，西河与黄河东面的魏国土地就可以更好地连接在一起，魏国可以随意地在黄河上使用船只，有事时可以随心所欲地用船只运送人力与粮食。我们应注意吴起与公子击"围繁庞，出其民"的这段记载。胜利以后，吴起是怎样巩固这座城池，将它真正变成魏国领土的呢？《吴起兵法·应变》中记载了其方法。

> 凡攻敌围城之道，城邑既破，各入其宫，御其禄秩，收其器物。军之所至，无刊其木、发其屋、取其粟、杀其六畜、燔其积聚，示民无残心。其有请降，许而安之。

吴起既是一位率军作战的将领，也是一位政治家，指出了国家以后发展的方向。荀子曾指出"兼并易能也，唯坚凝之难焉"，说的就是在占领别国以后稳定民心的重要性。荀子曾说过："礼修而士服，政平而民安，士服民安，夫是之谓大凝"，并指出只要懂得"大凝"，就等于实现了王者的大业。吴起长于作战取胜，更擅长战后稳定民心。《尉缭子·武议》中也记载了一段类似的言论。

> 凡兵不攻无过之城，不杀无罪之人。夫杀人之父兄，利人之货财，臣妾人之子女，此皆盗也。故兵者，所以诛暴乱，禁不义也。兵之所加者，农不离其田业，贾不离其肆宅，士大夫不离其官府，由其武议在于一人，故兵血不刃而天下亲焉。

吴起的行动与尉缭子所言基本一致，只有一项除外，即吴起将秦国的百姓赶走了，让魏国的百姓搬到这里居住。吴起并不喜欢假装圣人君子，《商君书》中也曾经指出，魏国民多而地寡，秦国民寡而地广。对于魏国来说，需要积极地开疆拓土，将百姓迁徙到新土地上来。吴起后来到楚国以后，也实行了积极的"徙民"政策。

吴起的兵法很简要

公元前 409 年，吴起再次攻打秦国，并在临晋与元里筑城，这场战斗似乎规模很大。对于吴起锐不可当的攻击，秦军已经闻风丧胆，因此秦军这次并没有出兵迎战，而是选择在要塞抵抗。战斗结束以后，秦军退到了洛水，在那里修建了战壕，并在洛水西侧的重泉建城，完全退为守势，因为秦军通过野战是怎么也赢不了吴起的。次年，吴起再次攻打秦国，抵达郑地，修建了洛阴和合阳两座城池①。现存的魏长城遗址连接着临晋与元里，而合阳作为黄河边上的要塞之地，是一处连接河西与河东的堡垒。吴起在临晋与元里建城，就是因为西河如今完全能够自立，魏国在西河的第一步规划业已完成。

笔者推测，《吴起兵法·励士》后半部分的内容就与这次大规模的领土争夺战有关，吴起向魏武侯（实际上应该是魏文侯）请兵五万，以发动总攻，他是这样游说魏武侯的。②

今使一死贼伏于旷野，千人追之，莫不枭视狼顾。何者？恐其暴起而害己也。是以一人投命，足惧千夫。今臣以五万之众，而为一死贼，率以讨之，固难敌矣。

于是魏武侯听从了吴起的建议，另拨战车五百辆，骑兵三千人，一战击败了秦国五十万大军，当然这与吴起七十六战六十四胜一样，应当都是一种夸张的说法。但吴起的确仅凭五万士兵怀抱着必死的信念进行了防御，击退了秦国的主力，占领了黄河与洛水之间的全部领土。那么，吴起在作战前夜所下的命令究竟是什么呢？他的命令其实很简单。

在战斗的前一天，吴起对三军发布命令说："各级士吏要听从号

① 关于吴起攻陷河西五座城池的事宜请参照钱穆《吴起为魏将拔秦五城考》。

② 据《吴起兵法》的记载，当时吴起请求的对象是魏武侯，实际上重要的战争在魏文侯时期也基本上都已结束了。但在这场战争开始的时候，公子击（魏武侯）动身去了中山国，因此，笔者便假设吴起是向魏文侯做的这段游说。

令，与敌人的车兵、骑兵、步兵作战，如果我方的车兵不能俘获敌人的车兵，骑兵不能俘获敌人的骑兵，步兵不能俘获敌人的步兵，全军虽然最终打了胜仗，也无功绩可言。"

待战争展开以后，吴起的士兵就像事先约好了一般，寻找打击点，深入敌军。士兵们坚决地贯彻了吴起战车俘获对方战车，步兵俘获对方步兵的命令。开战那一天吴起所下达的命令虽然很简要，却威震于天下（其令不烦而威震天下）。后来唐朝名将李靖曾经对唐太宗提出这样的建议，这位身经百战的名将的言辞肯定是从吴起那里学来的，他说："臣在读兵法时发现，自黄帝以来，都是先用精兵再用骑兵，先用仁义的方法，再用临机应变与欺诈之术。"

当两军发生正面冲突时，如果我方军队没有能力制服对方军队，就不可能拥有侧面打击的能力。吴起获胜约五十年以后，亚历山大大帝的马其顿、希腊联军在高加米拉平原迎战波斯军。波斯军用其特有的镰刀战车正面打击马其顿的重武装步兵，企图冲散马其顿的步兵队伍。可怕的战车部队虽然攻破了步兵阵营，但步兵却并不从正面迎战战车部队，而是不断为他们让路。期间波斯帝国的战车一辆辆地被粉碎了。最终，波斯军的战车部队没有在与马其顿步兵的冲突中取得胜利，也就没有发挥任何威力。与此相对，吴起在战场上的战术变化莫测，但从根本上讲，吴起军团的正面作战能力才是获胜的关键。

吴起在临晋、元里筑城以后，接着就攻打了郑地，在洛阴、合阳筑城，这也就意味着西面的洛水至东面的黄河之间的土地全部落入了魏国之手。如果吴起也攻打了郑地（今天华山以北的地区），就意味着秦国沿黄河东进的道路完全被切断了。如今关中也已被切开，秦国已成为一只困兽。据《吕氏春秋·观表》的记载，吴起认为如果自己能够继续治理西河，"秦必可亡，而西河可以王"，这的确并非信口开河。那么，吴起的梦想是否能够实现呢？

4. 遭受谗言离开西河

直率与好胜引来的危机

吴起来到西河以后，率领五万士兵与秦军开始了长期对峙。吴起的士兵以天下无敌而闻名于世，他麾下的将士为了他而情愿去死。但吴起在魏国本土并没有任何根基。当一线的将领太优秀，势力又太庞大的时候，必定会出现牵制他的势力，这是事物发展的必然规律。

此时前线的情况也已经发生了变化，吴起已不再攻城略地，与攻打洛水时的情形不同，战争已陷入胶着状态。诬陷一线将领的谗佞之臣总会在战争陷入胶着状态时动手，如果战争失败，他们就会谴责将领随意驱使军队；如果将领要进攻，他们就会扯其后腿。比如万历朝鲜战争的时候，当李舜臣将军因战况不如意而推迟了进攻时，就遭受了谗言诬陷，陷入了同样的困境。吴起不停地向河西徙民必定让河东的贵族感到焦虑不安。正如吴起后来到楚国所实行的政策一样，吴起让魏国的百姓搬到秦国百姓撤退后留下的土地上，并在那里进行农耕。这些迁徙到新领土上的百姓来自哪里呢？只能从贵族的食邑中挑选，但百姓是贵族的财产。一位镇守边疆的将领，拥有极高的威望，又不停地吸引百姓到自己的地盘上去，这正是在中央政治界活动、在地方拥有食邑的贵族最为厌恶的一类人。

但当吴起在西河实行农战政策时，魏国的朝廷之上有魏文侯替他撑腰，魏文侯是绝对信任吴起的，当然肯定也有数不清的人曾经诽谤过吴起，但只要有魏文侯在，吴起的地位便会坚如磐石。魏文侯与吴起在亲近韩、赵，攻打秦国的战略方面达成了共识。魏文侯长时间统治魏国，为魏国的江山奠定了坚实基础，但他也要面对生老病死的问题。公元前396年，在吴起来到西河大约二十年的时候，魏文侯离开了人世，公子击继位，即魏武侯。

吴起是一位大战略家，也是一位毫无私心的改革家，却并不擅长政治权谋，而且他还喜欢争强好胜，屡次惹得上司生气。好听的话听多了都会让人起腻，更不用说在进谏忠言时的逆耳之言了，如果不懂修饰、过于直率，领导人不可能会高兴地接受它。在这一方面，吴起与伍子胥很像。我们来看一下《吴起兵法·图国》中记载的魏武侯与吴起的对话。

> 武侯问曰："愿闻陈必定、守必固、战必胜之道。"起对曰："立见且可，岂直闻乎！君能使贤者居上，不肖者处下，则陈已定矣。民安其田宅，亲其有司，则守已固矣。百姓皆是吾君而非邻国，则战已胜矣。"

"您马上就能看到（让您看到）"意味着君主当时并没有实行正确的政策。吴起还谏言说，如果希望将领在战场上打胜仗，就要立刻搞好政治。吴起这种直率的语气，对于同样争强好胜的魏武侯来说是一种很大的刺激。也许吴起的性情甚至比伍子胥更加刚烈，魏武侯曾经向吴起学习兵法，而正如"武侯"这一谥号中所体现出的那样，他很喜欢驱使军队，因此一向也颇为自负。魏武侯是一位多么骄傲的人呢？我们可以通过《吕氏春秋·骄恣》篇来印证。[1]

> 魏武侯谋事而当，攘臂疾言于庭曰："大夫之虑，莫如寡人矣！"立有间，再三言。李悝趋进曰："昔者楚庄王谋事而当，有大功，退朝而有忧色。左右曰：'王有大功，退朝而有忧色，敢问其说？'王曰：'仲虺有言，不谷说之。曰："诸侯之德，能自为取师者王，能自取友者存，其所择而莫如己者亡。"今以不谷之不肖也，群臣之谋又莫吾及也，我

---

[1] 原文中对魏武侯进行忠谏的人是李悝，但实际上应当是吴起，因此在这里笔者将其修改为了吴起。《荀子·尧问》《新序·杂事》中记载的忠谏之人都是吴起，而并非李悝。

其亡乎！'"曰："此霸王之所忧也，而君独伐之，其可乎！"
武侯曰："善。"

　　魏武侯虽然表面上称赞了吴起，但并非心悦诚服。魏文侯死后，他就迫不及待地在东西南北开战。就算国家再强大，如果分散用兵，甚至浪费力量，盛世也是不能持久的。魏文侯时的朝廷由"两驾马车牵引着"，即内政李悝，外政吴起，但是这两辆马车的时代似乎也已经过去了。魏文侯死后，谗佞蜂起，他们为了个人的利益企图赶走人才，并认为这也没什么了不起的。

　　很多资料暗示了吴起是被从中央权力中心排挤出去的，下面让我们仔细地解读《吕氏春秋·执一》中的一段故事。由于吴起在西河的成就，他的名望很高。在他看来，身居宰相之位的人根本不如自己。

　　吴起谓商文曰："事君果有命矣夫！"商文曰："何谓也？"吴起曰："治四境之内，成训教，变习俗，使君臣有义，父子有序，子与我孰贤？"商文曰："吾不若子。"曰："今日置质为臣，其主安重；今日释玺辞官，其主安轻。子与我孰贤？"商文曰："吾不若子。"曰："士马成列，马与人敌，人在马前，援桴一鼓，使三军之士，乐死若生，子与我孰贤？"商文曰："吾不若子。"吴起曰："三者，子皆不吾若也，位则在吾上，命也夫事君！"商文曰："善。子问我，我亦问子。世变主少，群臣相疑，黔首不定，属之子乎？属之我乎？"吴起默然不对，少选，曰："与子。"商文曰："是吾所以加于子之上已！"①

　　—————————

　　① 《史记·孙子吴起列传》中所记载的宰相名字是田文，而不是商文。文中记载了一段这样的故事："吴起做西河守将，取得了很高的声望。魏国设置了相位，任命田文做国相。吴起很不高兴，对田文说：'请让我

作者在文末对此的评论是，吴起只看到了自己的优点，却看不到自己的缺点，因此受到了诬陷，但商文的回答很耐人寻味。商文的意思是，魏文侯薨逝以后，魏国所需要的不是变化，而是稳定。从战功或威望上来讲，吴起并不亚于李悝，但是他在国内并没有支持的基础。在绝对支持自己的君主离世以后，吴起便陷入了不安的状态。

陷入圈套

谗佞的小人认为时机已到，便开始排挤吴起，其首领便是王错。《史记》中记载诋毁吴起的人是公叔痤，但并不可信。

不过，我们还是先来看一段《史记·孙子吴起列传》中的故事。

田文（商文）死后，公叔（公叔痤）出任国相，娶了魏君的女儿，却想谋害吴起。那么，娶公主为妻和谋害吴起之间有怎样的关联呢？难道公叔痤是为了独占魏武侯的宠爱而谋害吴起吗？我们先回到故事中去。

公叔的仆人说："吴起并不难赶走。"公叔问："要怎么做？"仆人说："吴起为人有骨气而又喜好名誉、声望，国相可找机会先对大王说，'吴起是个贤能的人，而大王的国土太小了，又和强大的秦国接壤，臣私下担心吴起没有长期留在我国的打算。'大王肯定会问：'那可怎么办呢？'国相就趁机对大王说，'请用下嫁公主的办法试探他，如果吴起有长期留在我国的心意，就一定会答应娶公主，如

（接上页）与您比一比功劳，可以吗？'田文说：'可以。'吴起说：'统率三军，让士兵乐意为国去死战，敌国不敢图谋我国，您和我比，谁好？'田文说：'我不如您。'吴起说：'管理文武百官，让百姓亲附，充实府库的储备，您和我比，谁行？'田文说：'我不如您。'吴起说：'据守西河而秦国的军队不敢向东侵犯，韩国、赵国服从归顺，您和我比，谁能？'田文说：'我不如您。'吴起说：'这几方面您都不如我，可是您的职位却在我之上，是什么道理呢？'田文说：'国君还年轻，国人疑虑不安，大臣不亲附，百姓不信任，正当处在这个时候，是把政事托付给您呢，还是应当托付给我？'吴起沉默了许久，同意了田文的意见。"

果没有长期留下来的心意，就一定会推辞。用这个办法便能推断他的心意。

国相找个机会请吴起一道回家，故意让公主发怒而当面羞辱国相，吴起见公主这样蔑视国相，就一定不会娶公主了。"

公叔痤听了仆人的话，便依计行事。憨直的吴起看到公主竟对一国宰相也如此无礼，便回绝了婚姻的提议。魏武侯由此怀疑吴起，也就不再信任他。吴起怕招来灾祸，于是离开魏国，随即就到楚国去了。

这段故事给我们的启示是很明确的。

首先，通过下嫁公主来考验吴起，就已是对吴起的侮辱了。吴起离开故国以后，先去了鲁国，然后又来到了魏国，而且他已在西河工作了二十多年，年纪至少也得有五十多岁了，吴起在故国时曾经休妻，还曾被诬陷杀妻，且此时已有子嗣，这在后文将会详细讲到。因此，提议将公主嫁给吴起摆明了是侮辱吴起，或者说任谁看来都是一个阴谋。耿直的吴起在了解到这是一个圈套以后，没有采取迂回的方法，而是由着自己直率的性子拒绝了。一个毫无根基的外来户根本无力摆脱身为地头蛇的阴谋家所设下的两重、甚至是三重的圈套。

其次，通过这段故事我们还可以知道，在秦国和魏国之间，这时吴起已经成为一个关键人物，他的手中攥着决定性的一票，如果吴起变心投向秦国，那么魏国就算是完蛋了。吴起手下有五万天下无敌的强兵、五百辆战车，治理着一座粮食满仓的要塞城池。我们不难想象，维持五万常备军需要驻扎多少人力在西河。而他并非公室的姻亲，也非在魏国根深蒂固的贵族。只要吴起愿意，随时能够以黄河为屏障，反过来与魏国为敌。因此不管吴起多么廉洁清白，都不可能摆脱被怀疑的命运。

即便下嫁公主的阴谋曾确实存在，这个阴谋的策划人应该也不是公叔痤。真正的阴谋家应是一位叫作王错的人。《战国策·魏策》中有一段记载告诉了我们公叔痤的品性，他并非吴起的政敌，而是吴起的支持者。

> 魏公叔痤为魏将，而与韩、赵战浍北，禽乐祚。魏王说，
> 迎郊，以赏田百万禄之。公叔痤反走，再拜辞曰："夫使士
> 卒不崩，直而不倚，挠拣而不辟者，此吴起余教也，臣不
> 能为也。"……于是索吴起之后，赐之田二十万……王曰："公
> 叔岂非长者哉！既为寡人胜强敌矣，又不遗贤者之后，不
> 掩能士之迹，公叔何可无益乎？"

文末还附有这样一段评论："圣人无积，尽以为人，己愈有；既
以与人，己愈多。"这是《老子》中的一段话，也是对公叔痤的极度
赞誉。

如果公叔痤就是当初进谗言的小人，后来又怎能做出帮助吴起
后代这种截然相反的事情呢？他还因此事受到了好评。公叔痤还曾
向魏王推荐改革家商鞅，据此也可以证明他是魏国的忠臣，也是吴
起的支持者。从《战国策》的记载来看，在吴起流亡至楚国以后，
魏国并没有伤害吴起的子孙，由此我们可知吴起曾经的功绩。公叔
痤认为，吴起虽然已经离开魏国，但不能怠慢他的子孙。

吴起最终还是逃到楚国去了，那么他是被谁所诬陷的呢？原因
是什么？

在笔者看来，吴起被排挤的第一个原因就是他所实行的政策。
吴起在楚国的举动也充分体现了这一点。吴起希望打压贵族，大力
加强君主集权，不允许贵族夹在君主和百姓之间对百姓进行双重盘
剥，他一旦获得一片领土，就会让百姓迁徙过去，所有的这些政策
都对贵族十分不利。

第二个原因就是吴起与魏武侯之间的嫌隙。朝鲜太宗李芳远处
死开国功臣郑道传也是出于相同的原因。郑道传与李芳远的父亲关
系亲如兄弟，当李芳远积累了相当的经验、巩固了统治以后，便开

始讨厌起父亲的人格面具郑道传来。在魏武侯还是公子时，吴起就在西河教授他兵法，两人一起在战场上摸爬滚打。但人们将西河的业绩全部归功于吴起，魏武侯因此会产生嫉妒之心也是有可能的。当时魏武侯还是公子，不得不忍，当他一朝为君，便想摆脱吴起与父亲的阴影。

最后，吴起的逃亡有可能是以吴起为首的西进派和以王错为首的东进派之间的权力倾轧所导致的，这虽仅是一种假设，却也不无可能。《史记》中没有相关记载，但《吕氏春秋》与《战国策》中都有关于王错和吴起发生冲突的记载。《战国策·魏策》里暗藏了这场权力倾轧的线索。

> 魏武侯与诸大夫浮于西河，称曰："河山之险，岂不亦信固哉！"王钟①侍王，曰："此晋国之所以强也。若善修之，则霸王之业具矣。"吴起对曰："吾君之言，危国之道也；而子又附之，是危也。"武侯愤然曰："子之言有说乎？"
>
> 吴起对曰："河山之险，信不足保也；是伯王之业，不从此也。昔者三苗之居，左彭蠡之波，右有洞庭之水，文山在其南，而衡山在其北。恃此险也，为政不善，而禹放逐之。夫夏桀之国，左天门之阴，而右天溪之阳，庐、繳在其北，伊、洛出其南。有此险也，然为政不善，而汤伐之。殷纣之国，左孟门而右漳、釜，前带河，后被山。有此险也，然为政不善，而武王伐之。且君亲从臣而胜降城，城非不高也，人民非不众也，然而可得并者，政恶故也。从是观之，地形险阻，奚足以霸王矣！"

---

① 原文记载的是"王钟"，但从当时的情况来看应该是王错。"钟一做错，此大臣名应为王错"，朱右曾辑，黄永年校点，《古本竹书纪年辑证》。《史记》中的相应内容应当是以《战国策》为基础写成的，但不知为何却没有记载王错的这段言论。

武侯曰："善。吾乃今日闻圣人之言也！西河之政，专委之子矣。"

吴起的言辞直截了当：王错不过是在阿谀奉承，而君主也没有能够正视事态。吴起还提醒魏武侯，不要忘记自己作为吴起的战友，在西河攻城略地时的初心。一位君主要想政治修明，必须要远离那些谄媚的小人。

这段故事中还暗藏着一种微妙的倾轧。西河的土地位于黄河西面，王错在这里为何要提起黄河与岸边的地形呢？在坚守西河的吴起看来，西河有事时，黄河便是死亡之水。对于奋战在一线的吴起来说，这片土地的险要并无任何用处。吴起所修建的要塞不过是将长长的洛水当作了屏障，其前方就是辽阔的平原。西河的平原并不容易坚守。王错通过讨论地形，委婉地贬低吴起所取得的成就，同时指出西方完全可以依赖地形，其中甚至还包含着一种暗示，即吴起有可能会凭借这里的地形背叛魏国。

也许王错天生就爱诬陷别人，但为何偏偏选择了吴起为目标呢？笔者做了如下的推测。王错原本就不希望魏国在西方下太多功夫。在《史记·魏世家》中魏惠王元年的记载中出现了王错的名字，是韩国大夫公孙颀劝韩国君主讨伐魏国时所说的一段话。

公孙颀说："魏罃与公中缓争做太子，大王也听说这件事了吧？如今魏得到了王错的辅佐，获得了上党，就算拥有半个国家了。趁这个机会除掉他，一定可以打败魏国，大王绝不可以错过这个机会。"

在吴起死后没多久，王错就占领了上党。上党是一片面积相当大的土地，由韩、魏共同占领，但准确来说魏国究竟占多大的分量，却已不可考，重要的是此时王错占据上党的事实。魏国攻打西方的据点是西河，攻打东方的据点则是上党。在上党，魏国需要同时面对韩国与赵国。王错之所以诋毁吴起，会不会是他认为东方的据点比西方的据点更加重要的缘故呢？春秋时代的贵族都很重视食邑所在之地。时代虽有变化，但王错之所以重视东方，难道不正是因为他是一位以上党为基础的贵族吗？

《资治通鉴》周威烈王七年（公元前369年）中有"魏大夫王错出奔韩"的记载，这说明当时公孙颀建议攻打魏国。王错逃到韩国去以后，魏国的东方据点必定会产生很大的空白，可见王错其人是一位与吴起品性截然不同的机会主义者。虽然我们不知道王错具体是怎么诋毁吴起的，但他诬陷吴起却是板上钉钉的事情。《吕氏春秋·长见》里记载了这样一段悲伤的故事。

> 吴起治西河之外，王错谮之于魏武侯，武侯使人召之。吴起至于岸门，止车而望西河，泣数行而下。其仆谓吴起曰："窃观公之意，视释天下若释躧，今去西河而泣，何也？"吴起抿泣而应之曰："子不识。君知我而使我毕能，西河可以王。今君听谗人之议而不知我，西河之为秦取不久矣，魏从此削矣。"

就这样，吴起被从西河召回，可中央舞台上并没有他的立足之地。进谗之人提出将公主嫁给吴起，大概也是这时候的事情，吴起在魏国已没有了可以施展抱负的舞台。如果魏国能够按照吴起的规划，消灭秦国，占领关中，它便可以图谋天下。虽然过程必定艰难，但只要把持西河，凭借华山与黄河之险，那么魏国便不必去依靠什么合纵连横，完全可以自立，可惜的是魏国抛弃了吴起。吴起从西河的盟主一下子变成了一个势单力孤的外来户，不得不为自己的安危担忧起来。

吴起的下一个目的地是楚国，魏国必须感谢吴起没有去秦国。这位年迈的政治人物将自己的儿女留在了魏国，自己则踏上了去楚国的道路。吴起坚信魏国与秦国势不两立，不禁让人想起主张迦太基与罗马不能共存的汉尼拔。

5. 无法停止的改革本能，迎来人生的终点

我们再次回到《史记》，追踪吴起的足迹。楚悼王一向听说吴起贤能，所以吴起刚到楚国就被任命为国相[①]。

吴起在楚国任宰相时，使法度严明，令出必行，淘汰并裁减无关紧要的冗员，废止远房王族的爵位，来抚养军士。吴起改革的重点在于强化军事力量，揭穿往来奔走的游说之客的阴谋。于是楚国吞并了陈国和蔡国，打退韩、赵、魏三国的进攻；向西又讨伐了秦国。诸侯各国对楚国的强大感到忧虑。

那么具体来说吴起究竟推动了哪些改革呢？我们来看一下《说苑·指武》中的一段对话。

> 王以为令尹……屈公曰："子将奈何？"吴起曰："将均楚国之爵而平其禄，损其有余而继其不足，厉甲兵以时争于天下。"

果真，除了吴起，任何人都说不出这样的一番话。《韩非子·和氏》中还记载了吴起为楚悼王分析楚国实情的言论。

> 大臣太重，封君太众，若此，则上逼主而下虐民，此贫国弱兵之道也。不如使封君之子孙三世而收爵禄，绝灭百吏之禄秩；损不急之枝官，以奉选练之士。

这位耿直的男儿在几个国家屡屡被逐出，为何依然没有看清楚现实呢？如今他依然不计后果，再次为加强军权而削弱贵族的权

[①] 《说苑·指武》篇中记载吴起先是到宛地（楚国的大邑，后来改称南阳）出任郡守，从常识来看这种可能性更大。

力。《吕氏春秋·贵卒》中很好地说明了什么是"有余",什么是"不足"。

> 吴起谓荆王曰:"荆所有馀者,地也;所不足者,民也。今君王以所不足益所有馀,臣不得而为也。"于是令贵人往实广虚之地。皆甚苦之。

通过这段文字我们可以推测吴起在西河的举动。吴起在西河训练五万精兵之时,必定将贵族迁徙到那里,让他们开垦贫瘠的土地。这些贵族从小便养尊处优,绝不会喜欢到贫瘠、危险的地方去。因此,吴起注定会受人诬陷。

吴起的改革甚至涉及了很细微的地方。《吕氏春秋·义赏》篇中有一段有趣的说法。

"郢人用两块夹板筑土墙,吴起改变了这种方法因而遭到怨恨,他就用赏罚改变这种情况,人们感到很安乐。(郢人之以两版垣也,吴起变之而见恶,赏罚易而民安乐。)"

这段话是什么意思呢?当时楚国人在建城、筑墙时用的是两版的方法,即墙的两侧各用一块版。但吴起认为这种方法很费时,便引进了墙的两侧各用两块版的四版技法。在引进这一技法之后,人们在筑墙时如果还使用两版法,吴起就惩罚他们;如果用四版法,就奖励他们。这一新方法推广之后,人们发现这种新方法大大地提高了效率,便很喜欢用这种方法了。为了实现楚国的富国强兵,吴起努力将他在魏国实行的制度和中原经过验证的新技术都移植到楚国来。为了楚国的实质利益,他不惜动用各种方法。吴起的改革对贵族很不利,但是对百姓却很有利。

但吴起在楚国也很背运。当吴起在楚国如火如荼地推进改革之时,支持他的楚悼王竟然殒命了。吴起在楚国没有任何根基,但楚悼王依然破格提拔他为令尹,这与他在魏国的待遇不可同日而语,预示着一场革命性的变化即将到来。在楚国，吴起所能依赖的只有楚王的信任而已，但这位君王却猝不及防地辞世了。下面我们就通过《吕氏春秋》的记载看一下吴起迎来最终结局的惨烈场面。

楚王薨逝，大臣们攻击吴起，对于他们来说，吴起是一个不速之客，是威胁自己地位、剥夺自己财产的敌人。他们究竟有多痛恨吴起呢？楚王的遗体停放在灵堂上，显贵们就共同开弓射向吴起。吴起高喊道："我让你们见识一下我是怎样用兵的！"他拔下箭跑入灵堂，趴在楚王尸身上，一面把箭插入楚王的遗体，一面大声叫道："逆臣贼子们犯上作乱，用箭射王尸！"

吴起不愧是一代名将，这种爆发力令人自愧不如。那么吴起政敌的最终结局如何呢？这些人犯了将箭射入国君身体的大逆不道之罪，据《史记》的记载，由于参与射杀吴起而被灭族的楚国臣僚有七十多家。[1]

6. 对吴起改革思想的评价

尽力减少剥削者

一代兵法家、改革家吴起就这样在异国他乡建功立业之后，结束了自己的一生。仔细想来，这样的一生对于吴起这样的热血男儿来说不算太坏。以司马迁为代表的部分史学家对他的冷酷改革和"执迷不悟"进行了嘲讽，对他凄惨的结局进行了嘲弄。但是，以荀子

---

[1] 这与《史记·孙子吴起列传》中记载的场面稍有不同。《史记》中的记载是：王族一直都想谋害吴起，等悼公一死，王室大臣发动骚乱，攻打吴起。"攻吴起"的表达方法，说明吴起没有坐以待毙。当图谋杀死吴起的人拿起弓箭要射死吴起时，走投无路的吴起逃到楚王停尸的地方，附伏在悼王的尸体上。那些射吴起的箭，同时也射中了悼王的尸体。等把悼王安葬停当，太子即位后，就让令尹把射杀吴起同时射中悼王尸体的人全部处死。

为代表的历代战略家和一线的政治家则都对吴起的改革赞赏有加。

《荀子》中记载，魏国的"武卒"，都是根据一定的标准来选拔。标准是：让他们穿上三种依次相连的铠甲，拿着拉力为十二石的弩弓，背着装有五十支箭的箭袋，把戈放在那上面，戴着头盔，佩带宝剑，带上三天的粮食，半天要奔走一百里，这便是听从吴起教诲成长起来的士兵。

《史记·范雎蔡泽列传》中，蔡泽向范雎游说的言辞中出现了两次对吴起的评价。

> 吴起之事悼王也，使私不得害公，谗不得蔽忠，言不取苟合，行不取苟容，不为危易行，行义不辟难，然为霸主强国，不辞祸凶。

所有评价吴起的文章里，再没有比它更切中肯綮的了。吴起并非没有预见到他的举动会给自己带来灾祸，但他依然不阿谀、不奉承，不屈服于危险，不回避困难。他努力践行提高君主地位、富国强兵的坚定信念，一如飞蛾扑火的执着。

蔡泽还对吴起的改革进行了一番评价。

> 吴起为楚悼王立法，卑减大臣之威重，罢无能，废无用，损不急之官，塞私门之请，一楚国之俗，禁游客之民[①]，精耕战之士[②]，南收杨越，北并陈、蔡，破横散从，使驰说之士无所开其口，禁朋党以励百姓，定楚国之政，

[①] "游客之民"在有的地方被解释为"游说客"，大体上指的是不事农耕、四处漂泊的人，其中应该也包括游说客。

[②] "耕战之士"经常被解释为"农民与士兵"，但这是重大的错误。所谓的"耕战"，就是商鞅所说的"农战"，指的是一边耕种、一边作战的方法，"农战"是商鞅变法的核心。在这段文字里，我们也可以确认"耕战"日后发展成了商鞅的"农战"。

兵震天下，威服诸侯。功已成矣，而卒枝解。

蔡泽的评价是很公允的。吴起改革的主旨就在于通过富民强兵实现称霸天下的目的。他舍弃了权谋与合纵连横，通过保障百姓的生计、增强军队的能力，以实现图谋天下的目的，因此需要消除老百姓与君主之间机构重叠的支配阶级。但蔡泽说吴起"功已成矣"不过是一种修饰罢了，吴起虽然开辟了通往成功的道路，却以失败告终。

军事必须与政治相结合

读者们大概会觉得笔者过高地评价了吴起，但现实的情况却是，一直以来人们对吴起的评价都太低了。吴起虽是一位法家改革家，但并没有单纯、机械地发挥自己职能的作用，而是将兵、法、儒的为民思想结合了起来。吴起的兵法思想不像商鞅兵法那样主张不惜使用邪术也要取得绝对胜利，也不像后来孙膑兵法那样特别侧重于战术，而是将为民、壹民、一信，即儒家、墨家、法家的精髓都融到了兵法中去。《吴起兵法·图国》就是一篇完整的战争论。吴起的主张如下：

凡兵之所起者有五：一曰争名，二曰争利，三曰积恶，四曰内乱，五曰因饥。其名又有五：一曰义兵，二曰强兵，三曰刚兵，四曰暴兵，五曰逆兵。禁暴救乱曰义，恃众以伐曰强，因怒兴师曰刚，弃礼贪利曰暴，国乱人疲、举事动众曰逆。五者之数，各有其道，义必以礼服，强必以谦服，刚必以辞服，暴必以诈服，逆必以权服。

吴起强调军事一定要与政治结合起来，正如吴起游说魏武侯时所指出的那样，胜利已经被政治所决定了。吴起指出，魏国之所以能够占领西河，是因为秦国的政治错误，并不是用兵的胜利。人们经常将吴起所追求的军队称为"强兵"，可吴起名义上追求的顶级军队则是义兵，实际上追求的则是精兵。从训练有素的层面上来讲，精兵与强兵是一致的，但吴起并不追求以数量取胜的军队（强兵），而追求一定数量的、训练有素的军队，即精兵。《吕氏春秋·用民》中有这样一句话："阖庐之用兵也，不过三万。吴起之用兵也，不过五万。"吴起之所以追求精兵，是因为他认为农业比军事更加重要。

虽败犹荣的不屈精神

改革家在活着的时候往往就要承受人们的非议，并常常在人们的非议打压中结束自己的一生。西门豹也是如此，即便他被后世称为"西门君"，受到人们的极致赞颂，但命运却与吴起大同小异。《韩非子·外储说左下》中记载了西门豹被人诽谤的故事。

西门豹治理邺地的时候，清廉正直，一丝半毫都不谋私利，但很不受君主近侍的待见，近侍相互勾结中伤他。过了一年，西门豹去上缴赋税，汇报政绩，魏文侯收回了他的官印。西门豹请求说："臣过去不知道治理邺地的方法，现在臣懂了，希望大王发还官印，让臣再去治理邺地。如果治理不好，愿受重刑处死。"

魏文侯不忍心拒绝，就把官印交还给了他。西门豹因而加重搜刮百姓钱财，极力侍奉君主近侍。过了一年，西门豹前去上缴赋税，汇报政绩，魏文侯亲自迎接，并加礼拜。西门豹回答说："往年臣为大王治理邺地，而大王要收回臣的官印。现在臣为大工的近侍治理邺地，大王反而要礼拜臣。臣无法治理邺地了。"

说完，请求交还官印辞官离去。魏文侯不接受官印，并对他说："寡人过去不了解您，现在了解了。希望您尽力为寡人治理邺地。"

魏文侯最后没有接受西门豹交回的官印。由此看来，就连名望如此之高的西门豹，离开了魏文侯也将面临倒台的命运。

《韩非子·难言》中有这样一句话："西门豹不斗而死人手。"短短的一句话虽没有说清楚西门豹的最终结局，但证明他必不是寿终正寝，而是死于非命。西门豹也是一位改革家，他的结局没有比吴起好多少。

下面让我们把《说苑·指武》中接下来的对话听完，其实吴起已经预感到了自己的命运。吴起做了宛邑的郡守，他巡视各县，到了息县。他问屈宜臼说："楚王不知道我不贤，让我做了宛邑的郡守，先生打算用什么来教诲我呢？"但是屈宜臼并没有回答他。过了一年，吴起成为令尹，他再次问屈宜臼说："我曾请教先生，先生不教诲我。现在大王不知道我不才，又让我做了楚相，请先生试看我怎么当楚相吧。"屈宜臼问他："您准备怎么做呢？"

吴起的回答在前文我们已经揭示过了，归纳起来就是要剥夺贵族的权力，培养军队。屈宜臼听了他的话以后回答说："我听说从前善于治理国家的人，不改变成法（不变故）、不变换常规（不易常）。我听说武力是凶器，战争是违背道德的。现在你策划战争违背道德，好用武力，是人们所唾弃的（使用军队），倒行逆施到了极点。过分放纵的事情，做了的人都会面临不利境地。再说你曾经驱使鲁国的军队，不应在攻打齐国时取胜，但仍在齐国取胜了；你曾驱使魏国的军队，不应在攻打秦国时取胜，但你仍在秦国取胜了。我曾听说：'不祸害别人的人自己就不会遭遇灾祸。'我本来就奇怪我们大王多次违背上天的意旨，到现在竟未发生灾祸，噢，原来是在等您啊。（终于您来到了这里，造成了灾祸。）"

吴起很害怕地问他："还能有挽回的余地吗？"屈宜臼回答说："不能了！"吴起说："我将通过人力谋划而改变。"[①]屈宜臼说："你是属于已经定型的那一类人，是不可更改的了。你不如勤勉地处事，忠厚地做人。楚国没有比举荐贤能更重要的了。"

笔者觉得，这位屈宜臼大概是一位著名的算命先生或是预言

---

① 这句话并不通顺，大概句子中遗漏了什么成分。

家。① 虽然吴起拜访了这样的预言家，与他讨论未来的命运，但吴起最终还是走上了自己要走的道路，没能避免被杀害的命运。正如蔡泽所言，吴起不因危险而改变自己的行动，坚持大义不躲避灾难。

太史公是如此评价吴起的：

> 吴起说武侯以形势不如德，然行之于楚，以刻暴少恩亡其躯。悲夫！

让笔者感觉可叹的却是另一件事情，即像太史公这样拥有独到眼光的人，却唯独没有准确地审视吴起的所作所为，而做出了这样的评价。吴起与伍子胥很相似，表面上很强硬，实际上却富有同情心。古今中外，有哪一位将军会亲自背着粮食行军呢？又有哪一位将军能做到进入敌阵也不到田地的中间去，搭建军营时总是要避开庄稼地呢？父亲因追随自己而战死，儿子又接着追随自己效命，要让士兵们做到这一点，殊为不易。如果仅靠伪善，绝不可能获得他们的忠诚。吴起对待下属总是很体贴，而对待上级则总是很强硬。

吴起是一位失败者，但他的价值因他的失败而更加光彩夺目。他离开故国卫国来到鲁国，但是遭到了诽谤，在西河成就了功业又

---

① 《史记·韩世家》中出现了屈宜臼的一段预言。韩昭侯二十五年，发生旱灾，修建高大的城门。屈宜臼说："昭侯出不了这座门。为什么呢？因为不合时宜。我所说的时，不是指的时间，人本来就有顺利或不顺利的时候。昭侯曾经顺利过，可是并没有修建高门。去年秦国攻下了他们的宜阳，今年发生旱灾，昭侯不在这个时候救济民众的急难，反而更加奢侈，这就叫作'时绌举赢'（衰败的时候却做奢侈的事情）。"韩昭侯二十六年，高门修成了，昭侯也去世了，果然没能出这座门。

公元前333年韩昭侯薨，公元前334年屈宜臼说出了这样的预言。此时距离吴起活动于楚国有50年的时间，虽然不是完全不可能，但屈宜臼的存活时间未免太长了。笔者认为，《说苑》中仅记载的吴起与屈宜臼的直接对话应当是记录中发生的错误。与吴起交谈的应当是其他的预言家，而不是屈宜臼。但我们通过这段资料，可以知道战国时代世人对吴起的评价。

再次遭到诬陷。在他最后所至的地方，虽然位极人臣，但却和君王一同迎来了人生的最后一刻。

　　吴起的伟大之处就在于他不屈的精神，不管结局如何，他都会不断前进。笔者之所以为吴起的失败而感到唏嘘，是因为如果他取得了成功，那么或许不必通过以商鞅为代表的后期法家所追求的"制民"的残酷方式，便能够实现统一六国。因为吴起的主张与汉朝的建国理念实际上并没有什么区别。当然，这只是一种徒劳无功的假设罢了。

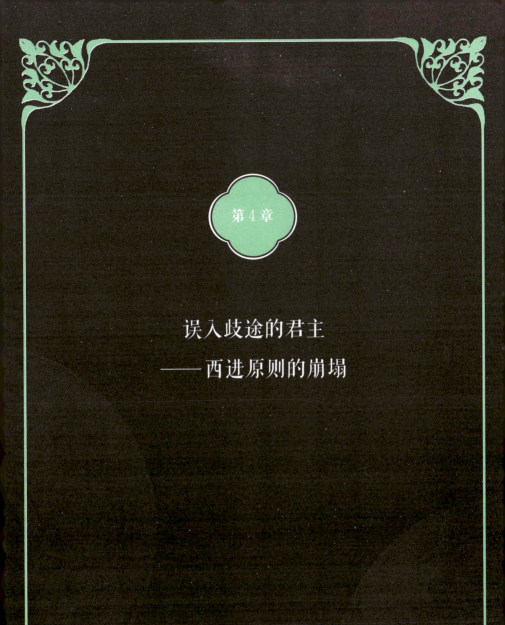

第 4 章

误入歧途的君主
——西进原则的崩塌

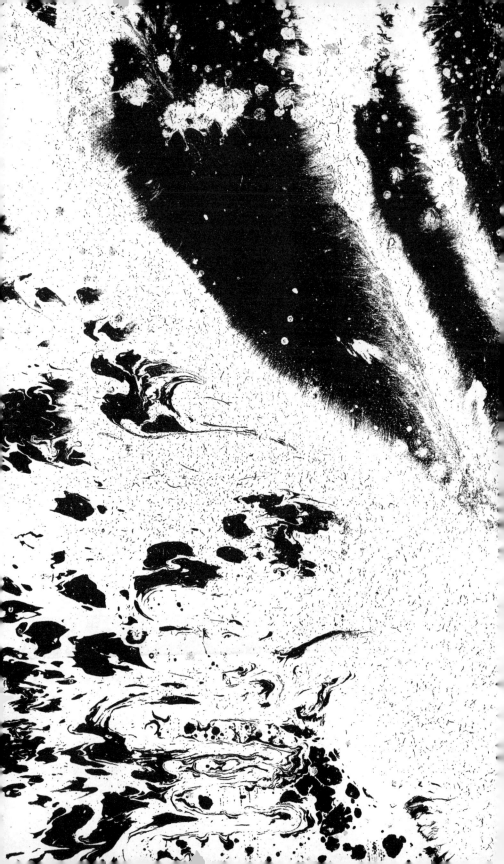

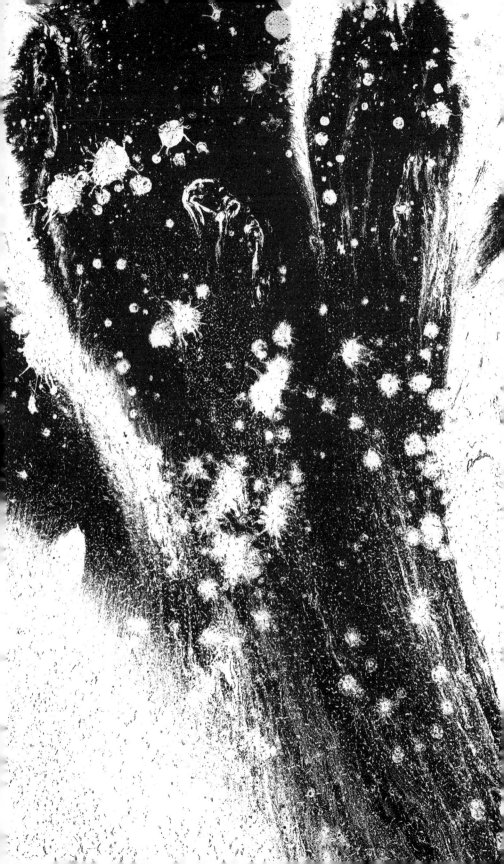

即使再伟大的拳击手，往往也难逃宿命：战绩越辉煌，下巴就越脆弱。下巴是人体的要害部位，不同于人体其他部位的是，它受到的打击越多，就越脆弱，而且还不能人为地锻炼。因此，很多风光一时的拳击选手，下巴到最后往往不堪一击，甚至对手稍微碰一下就能把他打倒。

经营国家亦是如此。君主要做的就是将四肢锻炼得更加强壮来保护好要害，而不是擅长打架。擅长打架也需要在保护好下巴的前提下去征服对方，而不是把自己弄得伤痕累累，取得艰辛的胜利。如果长期混战，下巴必然会变脆弱。

魏武侯曾在西线战场上学习了吴起的用兵策略，又在东方的中山国掌握了持久战的技巧，他自负能征善战。可君主穷兵黩武，国家必然会走向衰弱。毕竟，战争与战略之间有着莫大的区别。

《吕氏春秋·适威》中记载了李悝讽谏魏武侯的故事。李悝明确地强调了魏文侯与吴起一直以来所推行的战略。

魏武侯在中山时向李悝问道："吴国灭亡的原因是什么呢？"李悝回答说："是因为屡战屡胜。"魏武侯说："屡战屡胜，这是国家的福分，吴国却偏偏因此灭亡，这是什么缘故呢？"李悝回答说："多次作战百姓就疲惫，多次胜利君主就骄傲。骄傲的君主役使疲惫的百姓，这样国家不走向灭亡的，天下太少了。骄傲就会放纵，放纵就会用尽所欲之物；疲惫就会怨恨，怨恨就会用尽巧诈之心。君主和百姓都达到极点，吴国灭亡还算太晚了呢。这就是夫差自刎的原因。"

李悝的讽谏是多么得切中要害，可魏武侯并没有往心里去。我们很快就会看到魏国愈战愈弱的情形。无论军队多么强大，不扩大战线是兵家永恒的真理。二战时希特勒率领着欧洲最强的军队，却最终惨败，也是他不满足于西欧，更进一步将战线扩大到了东欧的缘故。自古以来，两面同时作战依然能够取得胜利的例子太罕见了。军队两面作战就会被削弱，四面作战就会疲敝。

吴起认为，最强大的军队莫过于"父子之军"，这样的军队在战场上"可合而不可离"。这种说法也适用于国家。战线应当集中在一个地方，不能随意破坏与友好国家的关系。当赵国表现出机会主义的态度时，魏文侯依然遵守三晋联合的原则，维持了与赵国的友好关系，可惜的是魏武侯并没有他的这番见识。

1. 魏武侯打破三晋联合的原则

公元前 386 年，公子击继父亲魏文侯后登基，即魏武侯。魏武侯登基伊始，东边就给他抛来了一个巨大的诱惑。赵敬侯与魏武侯同年登基，但公子朔却对新登基的君主心怀不满，并发动了叛乱，然而叛乱最终失败，公子朔也逃到了魏国。公子朔到了魏国之后，就建议武侯率领魏国军队攻打邯郸，魏武侯认为这是一个千载难逢的好机会。原本春秋时代有一个原则，那便是不能趁别国叛乱之机攻打它，然而此时这种原则已成明日黄花。当时恰逢赵国从晋阳迁都邯郸，四处兵荒马乱，但从战略上来讲，攻打赵国真的合乎时宜吗？

《战国策·魏策》中记载了一位战略家的谏言，他反对攻打邯郸。魏武侯准备攻打邯郸，[1]季梁听到这件事，（从出使他国的）半路上

---

① 原文是"魏王"，但这里应当是魏侯。《战国策》在称呼君主时，并没有严格区分王与侯的称号，因此这段对话有可能是发生在公元前 386 年魏武侯攻打邯郸时，也有可能是在三十年后魏惠王攻打邯郸之时，但这并不影响这段对话的主旨。笔者假设这段对话是季梁向魏武侯游说时所说的。

返回来，来不及舒展衣服上的皱折，顾不得洗头上的尘土，就忙着去谒见魏武侯。季梁说："今天臣回来的时候，在大路上遇见一个人，正在向北面赶他的车，他告诉臣：'我想到楚国去。'臣说：'您既然要到楚国去，为什么往北走呢？'他说：'我的马好。'臣说：'马虽然不错，但这也不是去楚国的路啊！'他说：'我的路费多。'臣说：'路费即使再多，但这不是去楚国的方向啊。'他又说：'我的车夫善于赶车。'臣最后说：'这几样越好，反而会使您离楚国越远！'如今大王的每一个行动都想建立霸业，每一个行动都想在天下取得威信（动欲成霸王，举欲信于天下）。现在大王依仗魏国的强大和军队的精良，而去攻打邯郸，以使土地扩展、名分尊贵，然而这样的行动越多，距离大王的事业无疑越来越远。这不是和那位想到楚国去却向北走的人是一样的吗？"

季梁并没有满口仁义，只是指出魏武侯矛头的方向错了，但魏国还是出兵帮助了赵国公子，并最终失败。

笔者曾经徒步游历邯郸城的四周，赵敬侯之所以离开晋阳迁都至此，是由于邯郸前面是华北平原，背后则倚靠着太行山脉。他之所以做出这种选择，是因为晋阳的东方、西方、南方都被堵住了，无法在日后的全面作战中坚持下来。而邯郸城则依靠大山建造了坚固的城墙，城内的粮食堆积如山，要在短时间内攻下邯郸城是很难的。

赵敬侯的父亲赵烈侯与他的叔父赵武公在位时，唯才是用，让赵国百姓过上了很富足的生活。《史记·赵世家》中记载了一段关于赵烈侯时期的政治状况的故事。

赵烈侯爱好音乐，因此很爱惜歌手，爱惜到了什么程度呢？他竟然想赐给歌手枪和石两个人爵位。但相国公仲连却提出了反对意见。他说："使他们富有还可以，让他们尊贵就不好办了。"公仲连的意思是，朝廷不能向无功之人授予爵位，否则就会扰乱秩序，赵烈侯听从了他的意见。赵烈侯又说："那我要赐给这两位郑国歌手田地，每人一万亩。"公仲连说："好"。公仲连虽然口头上答应了赵烈侯，但并没有给歌手田地。过了一个月，赵烈侯从代地回来，询问给歌手赐田的事。公仲连便搪塞说："臣正在寻找，还没找到合适的。"过了不久，赵烈侯又催，但公仲连始终不给，并称病不上朝。

恰好番吾君从代地来，对公仲连说："国君其实喜欢善政，只是不知道怎样实行。您任赵国的相国，至今已有四年，也曾推荐过人才吗？"公仲连说："没有。"番吾君说："牛畜、荀欣、徐越都是优秀的人才。"公仲连就立刻推荐任用了这三个人。到上朝的时候，赵烈侯又问："赐给歌手田地的事情办得怎么样了？"公仲连又在找借口敷衍："正派人挑选最好的田地。"

新上任的牛畜教给赵烈侯王道，荀欣教给他人事管理的方法，徐越在管理财政时不曾有丝毫浪费。赵烈侯与他们在一起，参悟了为人君主的道理。最终，赵烈侯派人对公仲连说："给歌手赐田的事就此作罢。"

赵烈侯的政绩可圈可点，而其弟赵武公在位时从未与邻国开战。两任君主在二十多年的时间里巩固了赵国的内政，不可能在一夕之间倾覆。攻打邯郸失败以后，号称不败之师的魏国军队名声一落千丈。更严重的问题并不在于败兵，而是魏国趁赵国混乱之际攻打邯郸，打破了魏文侯长时间以来所坚持的三晋联合大原则。

攻打邯郸失败以后，魏武侯在都城安邑修建了防御城墙。如果他心底相信西河的前进基地，就完全没有必要这样做，大约此时吴起已经失势，流亡到楚国去了。筑城的举动向秦国传递了信号，那便是"魏国现在要转移到东面去了"。对于秦国来说，魏国现在已不同于魏文侯与吴起的时代了。

魏武侯三年，魏国与赵国联合征讨齐邑廪丘。此时魏军虽深陷危机，但在赵国军队的帮助之下大胜齐国。赵国为什么会帮助魏国呢？赵国要想以邯郸为基础，进军华北平原，就不得不与卫国、齐国为敌，齐国的强大对赵国没有什么益处。赵国希望魏国与齐国之间维持一种平衡，因此在行动时总是采取机会主义的态度。

次年，魏武侯再次攻打赵国，并在兔台获胜。两年以后，魏国又与齐国携手攻取了赵国的刚平。当魏国与秦国对峙时，齐国总是在拖魏国的后腿，为此魏文侯费尽心思地牵制齐国，但如今魏武侯却为了攻打赵国而与齐国联合起来了。可见魏武侯根本没有长远的眼光，只懂得投机取巧。只要能够削弱赵国，他不惜与旧日的仇人沆瀣一气。结果，次年，赵国借楚国的军队攻取了魏国的棘蒲，再次年又攻取了黄城，也就是说，赵国开始反击魏国了。战争持续的结果就是两国之间的仇恨与日俱增。后来魏国与赵国偶尔也会视情况联合起来，但大致来看，随着岁月的流逝，两国之间的仇恨不断积累。

公元前 380 年，魏国同秦国一同进攻韩国，[①] 韩国向齐国求救，齐国的朝廷就这件事情展开了讨论。齐废公问诸位大臣说："早点儿去救韩国好呢，还是晚点儿去救韩国好呢？"邹忌的回答是否定的，他说："不如不救。"可段干纶反驳说："如果不救，韩国失败就要并入魏国，不如去救它。"田臣思站出来说："您的计谋错了！秦、魏进攻韩国，楚、赵一定去救它，这是上天把燕国送给我国。"

齐国的如意算盘是趁三晋与楚国混战之时，去攻打燕国。这个算盘本身是好的，但却是一种彻底的机会主义计策，根本谈不上什么战略。齐国这么做，借口全在于魏武侯向赵国与韩国开炮。当齐国占领了燕国的桑丘以后，三晋又来了一个 180 度的大转弯，攻打

---

① 此部分以《史记·田敬仲完世家》为基础，但内容有一些可疑之处。《战国策·齐策》中在桂陵之战以前邹忌与段干纶之间在朝堂之上的对话语气太相似了。邹忌在很久之后才会向齐威王鼓琴自荐，并受到了齐威王的重用。是不是后来桂陵之战之前的记载与这里混了呢？

　　如今史料缺乏，我们已很难取证。但如果魏武侯真的同秦国联手，就证明他完全无视基本战略原则。从当时的情况来看，应该是齐国趁三晋相互争斗之际，攻打了燕国的桑丘，于是三晋便再次联合起来攻打了齐国。我们并不能确定秦国究竟有没有介入，抑或只是邹忌、段干纶、田齐在朝堂之上有了这样的一段对话。这大概是司马迁的谬误。

了齐国的桑丘。但要攻打一座已被占领的、防守严密的城池是很不容易的。《史记》对此事的记载只有"至桑丘"三个字，告诉我们这片土地已经不可能拿下了。总之，魏国先是将局面搞得一团糟，然后又见风使舵、朝秦暮楚，被战局牵着鼻子走。

2. 日益强盛的齐国

接下来的事态变得更加复杂了。当三晋伺机相互征战时，高兴的是东方的齐国和西方的秦国。我们先站在齐国的立场上考虑，如果魏国攻打赵国，齐国就可以兼并弱小的燕国。如果魏国与赵国力量的均衡要被打破，那么齐国就可以介入其中，提高自己的影响力。齐国所害怕的是三晋联合，而韩国忙着掠夺郑国的土地，为了牵制魏国，它势必要利用齐国的力量。虽然三晋的确也曾联合起来攻打齐国，可夹在赵国、魏国之间的韩国，总是首鼠两端。

公元前356年，田齐桓公薨，其子继任君位，他就是齐威王，他在位时间长达36年，期间削弱了魏国，挫败了吴起生前的的规划。齐威王登基之时，三晋便趁着齐国在举办国丧，攻打了灵丘，甚至连鲁国、卫国这样的小国都跟随魏国、赵国一并挑战齐国。齐威王在位初期，权力在卿大夫的手中，君权无法发挥力量。但齐威王可不是等闲之辈，他只不过在等待时机罢了。[①]

有一天，齐威王召见了即墨的大夫，对他说："自从您治理即墨，每天都有毁谤您的言论。可寡人派人到即墨视察，发现田野得到开垦，百姓生活富足，官府没有积压公事，我国的东方因而得到安定。这是由于您不会逢迎寡人的左右以求得赞扬啊！"于是，封给他一万户食邑。

---

① 后面的故事以《史记·田敬仲完世家》为基础构成。

齐威王又召见阿城的大夫，对他说："自从你治理阿城，寡人每天都能听到赞扬你的话。可是寡人派人到阿城视察，发现田野荒废，百姓贫苦。从前赵军进攻甄城，你未能及时援救；卫国夺取薛陵，你也毫不知情。这是你用财物贿赂寡人的左右来求得的赞扬吧！"当天就烹杀了阿城大夫，并把左右曾经吹捧过阿城大夫的人也一起烹杀了。

齐威王虽没有魏文侯般的眼光，却懂得治理国家的基本方法。他手下有邹忌，每逢国中有大事邹忌就会为他出谋划策。而田忌将孙膑带到齐国，纵横战场多年。后文中我们会详细叙述田忌与孙膑的故事，在此我们先来考察一下邹忌。

据记载，邹忌后来每事必与田忌对立，并曾诬陷田忌。可如果说田忌是战术家，那么邹忌便是战略家。田忌擅长作战，邹忌擅长辅佐君王。希望读者将邹忌与后文中将要登场的惠施进行比较。

若据《史记》的记载，邹忌谒见齐威王发生在公元前358年。邹忌由于善弹琴而觐见齐威王。邹忌看到齐威王在弹琴，就说："大王的琴弹得好极了！"齐威王以为又出现了一个马屁精，突然不高兴了，扔掉琴，手按宝剑说："先生只看到寡人弹琴的样子，还没有认真观察，怎么能知道寡人弹得好呢？"邹忌讽喻说："大弦缓慢并且温和，这是象征国君；小弦高亢明快并且清亮，象征宰相；手指勾弦用力，放开舒缓，象征政令；发出的琴声和谐，大小配合美妙，曲折不正之声而不相干扰，象征四时。臣由此能知道大王弹得好。"

这段阿谀奉承是否有些过分呢？但齐威王却同意了他的这段说辞。齐威王说："先生很善于谈论音乐。"邹忌于是开始了游说，他说："何止是谈论音乐，治理国家和安抚人们都在其中啊！"邹忌的态度也太傲慢了吧？齐威王突然又不高兴起来，反问道："如果谈论五音的调理，寡人相信没有比得上先生的。如果是治理国家和安抚人们，又怎么能在琴弦之中呢？"邹忌说："回环往复而不乱，是由于政治昌明；连贯而轻快，是由于保了将亡之国。所以说琴音调谐就能保天下太平。治理国家和安抚人们，没有比五音的道理更相像的了。"齐威王被邹忌行云流水一般的辩论感染了，说："好极了。"

邹忌觐见威王才三个月就被封相。那么，邹忌究竟是一位真正的国士呢，还是一个不知廉耻的马屁精呢？齐国的著名辩士淳于髡便想检验一下他。淳于髡见了邹忌便说："您真会说话呀！我有些浅薄的想法，愿在您面前陈述。"邹忌说："敬请赐教。"淳于髡说："侍奉国君能周到无误（获得君主的全部信任），你的身名就都能兴盛；如果稍有不周或失误，身名都要毁灭。"（得全全昌，失全全亡。）邹忌说："恭敬地接受您的指教，我要把您的话谨记在心。"淳于髡说："用猪油涂抹棘木车轴，是为了使它润滑，然而，如果轴孔是方形的就无法转动。"邹忌说："谨受指教，我要小心地在国君的左右侍奉。"淳于髡说："拿胶粘用久了的弓干，是为了将其黏合在一起，然而胶不可能把缝隙完全粘合起来。"邹忌说："谨受指教，我要使自己依附于万民。"淳于髡说："狐皮袄即使破了，也不能用黄狗皮去补。"邹忌说："谨受指教，我要小心地挑选君子，不让小人混杂在其中。"淳于髡说："大车如果不矫正，就不能正常载重；琴瑟不把弦调好，就不能使五音和谐。"邹忌说："谨受指教，我要认真制订法律，并监督奸猾的官吏。"

面对无双辩士淳于髡，邹忌依然对答如流，展示了他的学识与口才，因此他会得到重用只是时间问题。过了一年，齐威王把下邳封给邹忌，封号是成侯。但邹忌不就是能言善辩吗？他能够担当得起齐王的重用吗？《战国策·齐策》中记载了这样一段故事。

邹忌个头很高，容貌俊美。可有一位叫作徐公的人，似乎比他更美。有一天，邹忌问妻子："你看我跟徐公比，哪个更俊美？"他妻子说："您俊美得很，徐公怎么能比得上您呢？"邹忌不大自信，又去问他的姜，结果他的姜回答说："徐公哪里比得上您呢？"第二天，有客人来家中拜访，邹忌跟他坐着闲谈，他又问了相同的问题，客人说："徐公比不上您。"

邹忌因此事颇有感悟，因此他入朝参见齐威王，对他说："臣确实知道自己比不上徐公俊美，可是臣的妻子偏袒臣，侍妾害怕臣，客人欲有求于臣，异口同声说臣比徐公俊美。如今齐地纵横千里，有一百二十个城邑，宫中妃嫔、左右近臣，没有不偏私于大王的；朝中大臣没有不畏惧大王的；齐国上下没有不求于大王的。可见，大王实在被蒙蔽得厉害！"[1]齐威王称赞说："先生说得对。"

于是齐威王发出诏令："凡官民人等，能当面指责寡人过失的，受上赏；能上书劝谏寡人的，受中赏；能在大庭广众之下批评朝政，只要为寡人所闻，受下赏。"诏令颁布以后，大臣们都来放心大胆地进谏，一年之后，人们即使想进言，也没什么可说的了。周围的国家都认为齐国很了不起。

可见邹忌并非是一个只知道玩弄口舌之人。总体而言，邹忌主张不要介入其他国家之间的战争，而田忌则主张介入战争，因此二人时常有矛盾。可以说田忌是主战派，而邹忌则是主和派。虽然田忌经常取得胜利，但从整个战国的大局考虑，邹忌的策略才是正确的。

在诸多国家之中，齐国原本就最富有，在田齐桓公、齐威王等长时间的统治下，齐国聚集了许多人才，巩固了国家的统治，齐国因此更加强盛。内政有邹忌不时地谏言，战事上则有将军田忌与著名的兵法家孙膑。齐国之所以能如此强大，是因为魏武侯与赵国之前的兵戎相见。如今魏国要面对的敌人，正是强大起来的齐国。

在之前齐国日益强盛、魏国左冲右突的时候，机会主义者们取得了一些大大小小的成就。首先，赵敬侯没有忘记魏武侯攻打邯郸

---

[1] 据《战国策·齐策》的记载，邹忌在侍奉齐宣王时，推荐了许多人入朝为官，齐宣王很不高兴。大概是担心邹忌会结党营私。相反，晏首地位尊贵，但推荐入朝做官的人很少，齐宣王因此更喜欢他。于是，邹忌对齐宣王说："我听说，人们认为有一个孝顺的儿子，不如有五个孝顺的儿子。如今晏首推荐入朝做官的，有几个人？"

的事情，但也不能彻底地与齐国联合。当时的局面是：赵国与齐国中间以黄河为界对峙，因此放任齐国强大对赵国而言是很不利的。于是，赵国就在魏国与齐国之间左右摇摆，但赵国与韩国之间大致上维持了一种稳定的关系。而小国卫国则位于赵国与齐国之间，需要看齐国与赵国的眼色行事。公元前372年，赵国突然进攻卫国，夺取了卫国的七十三座乡邑，并因此受到了魏国的牵制，魏国在北蔺打败赵国军队，但赵国从卫国夺取的土地却得以保留下来。

公元前375年，韩哀侯终于灭郑。郑国自古就位于中原要地，韩灭郑以后，就占领了郑国的城池与要塞，形成了国家的轮廓。并且灭郑以后，韩国迁都到郑国原来的都邑。

在这段时间里，魏武侯依然在不停地扩大战线。在公元前371年，魏武侯发动了战争，夺取了楚国的鲁阳。鲁阳位于楚长城附近，地理位置的确重要，但问题是魏国一定要独自发动战争吗？从传统上来讲，同楚国作战之时，三晋一向是联合的。但这次魏国却独自发动战争，由此楚国的矛头便指向了魏国一国，而这次战争也成了魏武侯的最后一次战争。总之，魏武侯放弃了魏文侯时期的主要敌人秦国，转而到东方去开辟战场，并且在东、西、南三个方向同时树敌，没有取得什么巨大的胜利，就结束了自己的一生。

秦国趁魏武侯为自己创造的"良机"，迁都至栎阳。栎阳是怎样的地方呢？它与魏国的西河隔洛水相望。吴起已不在西河，朝堂上也没有了魏文侯这样的明君，魏国真的能够守得住这片土地吗？

3. 浊泽大败

魏武侯之后，继任君位的是以与孟子的对话而闻名的魏惠王（梁惠王）。此人拥有很高的学习欲望，且相当博学，喜欢倾听，并踌躇满志地要治理好国家。可事与愿违，就在他统治期间，魏国失去了大国的名望，沦落为一个不起眼的小国。

　　为什么会这样呢？问题就在于魏惠王在治理国家时不懂任何战略，经常轻率地发动战争，失败以后为了挽回败局又再次发动战争，结果更败得一塌糊涂。他一会儿依靠儒家，一会儿依靠名家，一会儿又依靠纵横家，走了数不清的弯路，国家因此失去了方向，陷入了风雨飘摇的境地。正如郑国的政治家子产所言，为君者应当先学习再从政，如果通过从政来学习，百姓就会困苦不堪。可魏惠王却刚好相反，不经历失败，他就学不到东西。

　　下面的一段故事很好地说明了魏惠王的特点，这段故事发生的时间比较靠后。从这段故事来看，魏惠王真的毫无主见，因此绝对不可能制定什么长期的战略。

　　故事是这样的。[①]齐国人淳于髡用合纵策略游说魏惠王，魏惠王认为淳于髡的辩说很有道理。于是为他准备了十乘马车，派他出使楚国实施合纵。但在淳于髡告辞将要出发之际，有人认为合纵策略不是十分完善，便用连横策略游说魏惠王。结果魏惠王就认为连横也很有道理，就取消了淳于髡出使的计划。魏惠王就是这样反复无常、鼠目寸光，而这种行为一直在持续。

　　吴起与魏文侯考察了天下形势之后，确定了不变的战略基础，并将其付诸实践，但几十年以后，到了魏惠王时，说客们却可以凭着三寸不烂之舌任意改变魏国的战略方向。《吕氏春秋·离谓》中评价魏惠王的这种态度说："失从之意，又失横之事，夫其多能不若寡能。（失去了合纵的主意，又失去连横之事，那拥有多种才能不如只有一种才能。）"魏惠王的无能并非因其懒惰，而是因其缺乏宏伟的蓝图，导致他处事左右摇摆。因此他率领着强大的魏国军队四处作战，却没有获得任何实际利益，在别人对他进行忠告时，虽然当时他会很认真地倾听，却不会将其付诸行动。孟子批评魏惠王也是因

---

① 出自《淮南子·道应训》。

其飘忽不定的举动。

魏惠王的人生从一开始就是一个悲剧。首先魏武侯去世时并没有指定太子，因此他要和弟弟魏缓（公中缓）争夺王位，而且王错也参与了这个过程，这个王错就是当初进谗诋毁吴起的人。魏武侯不仅将魏国的外政弄得一团糟，去世时甚至连太子也没有指定。因此他一去世，魏罃与魏缓就开始争夺王位。

当时韩国的使臣公孙颀回到韩国，对韩懿侯说："魏罃与公中缓争做太子，大王也听说这件事了吧？如今魏罃得到了王错①的辅佐，拥有上党，就算拥有半个国家了。趁这个机会除掉他，就一定能打败魏国，大王不可错失这个机会。"韩懿侯很高兴，就与赵成侯合兵一同攻魏。双方在浊泽交战，魏国大败，魏罃被围困，魏国的社稷危在旦夕。赵成侯说道："除掉魏罃，让公中缓即位，割地以后我们退兵，对我们有利。"但韩懿侯不同意他的主张，说："我们不能这样做。杀死魏罃，人们必定指责我们残暴；割地退兵，人们必定指责我们贪婪。不如把魏国分成两半，魏国分为两国后，不会比宋国、卫国还强，我们就永远也不用担心魏国的祸患了。"

韩懿侯的意思是承认公中缓与魏罃都是魏国的君主，从而分裂魏国，但赵成侯最终没有同意韩懿侯的建议，于是韩懿侯很不高兴，带领韩国的核心军队连夜离去。魏罃九死一生，艰难地保住了性命，击退了赵国与公中缓的联合军，杀死了公中缓。魏罃绝处逢生，继任王位，即魏惠王，因此他必定会对韩、赵怀恨在心。

4. 东进的秦国

魏惠王甚至比父亲魏武侯作战都要频繁，魏国几乎每年都有战

---

① 《资治通鉴》中首先记载了王错逃到韩国的事情。从逻辑上来看，应该是王错逃到韩国去之后，韩国才有了机会。"得王错"的记载应当是谬误。

事，在东方战线上有胜有败，在西方战线上则几乎没有发挥什么力量。魏国的战事是有多频繁呢？在浊泽大败的第二年，魏国就向韩国施加报复，在马陵取得胜利，又攻打赵国也取得了胜利。次年受到齐国的攻击，观地被齐国夺走。齐国的君主是何等人物？魏国连续两年与两国作战，齐国岂有不趁机攻打魏国的道理？

当西方的秦国做好了攻打魏国的准备时，魏国不得已与旧敌韩国联合起来。魏、韩联合军在洛阴遭遇了秦军，最后却败给了秦军。两年以后，魏国再次与秦国战于石门，结果很凄惨，秦国的大将章蟜斩了六万魏兵的首级。石门之战大概是战国时代最早的大规模杀戮。这也是战国时代秦国谋求东进以来，对魏作战所取得的第一次大捷，这件事情发生在公元前 364 年。当时吴起费尽心力，沿着洛水建造了一些连接到华山的堡垒，而石门就位于这些堡垒的东面。如今秦军已开始蔑视西河的堡垒，继续向东方进发了。

魏惠王无法忍受魏国在西方连续的失败，不得不将都城从安邑迁至大梁，因为大梁的位置比安邑更加靠东。秦国之所以能够这么做，完全是由于魏国倾尽全力与赵国、韩国作战。可是眼看秦国就要攻打自己的时候，魏国又不得不和旧敌联合起来。两年以后，秦国再次攻打了魏国的少梁。魏文侯在少梁筑城以后，吴起的西河攻略才算正式开始了。但在这样的要塞作战，魏国却依然一败涂地。在这次战争中，公叔痤被生擒，而庞城则被秦国所占领。

魏国为何会如此不堪一击呢？这是因为魏国在东方不停作战，分散了力量。《史记·魏世家》中记载魏国攻打韩国，并在浍地打败了韩国，《六国年表》中则记载魏国曾经打败了赵国。也就是说，魏国再次与对抗秦国的同盟决裂，与韩赵联合军在浍作战。攻打完韩赵以后，魏国的少梁再次受到攻击，魏国怎么能够承受得住呢？要想阻止秦国的东进，魏国就必须立刻停止在东方的战争。可次年魏惠王又攻打了赵国，征讨了皮牢。这时魏惠王发动战争就全靠惯性，或者说是感情用事了。为了获得一些小地盘，魏国不停地在东方发动战争，而在西面却是屡战屡败。

魏国在少梁大败以后，西方传来一个好消息，积极推动东进政策的秦献公去世了。而秦国的新任君主孝公是一位很杰出的君王，他不会鲁莽到在权力更迭时举国作战。这时魏惠王应该如何行动呢？他应该修复西河的堡垒，恢复与东方诸国的关系，至少应该停止发动战争。但是他依然没有停止，而是入侵了宋国，却依然没有获得任何土地。

魏国攻打宋国的次年，秦国再次攻打了西河的堡垒，杀死了魏国七千名壮丁，夺去了少梁。至此，西河实际上已经在历史上谢幕了。左冲右突的魏惠王，他的下一个动作会是什么呢？

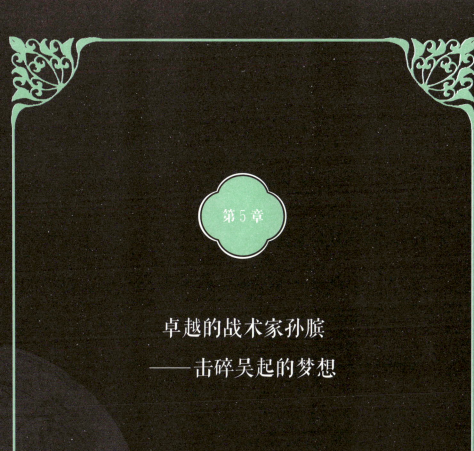

第 5 章

卓越的战术家孙膑
——击碎吴起的梦想

魏惠王曾经对着孟子发牢骚说："魏国曾一度在天下称强，这是老先生知道的。可是到了寡人这时候，东边被齐国打败，连寡人的大儿子都死掉了；西边丧失了七百里土地，给了秦国；南边又受楚国的侮辱。"(《孟子·梁惠王》)

魏惠王能登上王位确实不易，而且勤于政务，但最终却得到了这样的结果。本来也许我们会对魏惠王产生一丝恻隐之心。然而，当我读到他提出的疑问时，连对他的这点恻隐之心也消失殆尽了。

魏惠王又说："寡人对于国家，也算尽心啦！黄河以北遭遇荒年，就把那里的百姓迁移到黄河以东，把黄河以东的粮食运到黄河以北；黄河以东遭遇荒年也是这样。察看邻国的君主主办政事，没有像寡人这样用心的。但邻国的百姓没有减少，寡人的百姓却没有增多，这是为什么呢？"

魏惠王究竟是无知还是愚钝呢？他难道不知道魏国人口没有增加是因为战乱频仍，太多的人死在战场上吗？如果魏惠王确实说过这种话，《孟子》的记载属实，那么魏惠王真是最劣等的君王。在西方失败以后，他立刻在东方寻找挽回损失的机会。就像沉迷于赌博的人一样，为了赢回本钱，反而一步步地陷得更深。这次魏惠王又决定攻打赵国的首都邯郸。在失去西河的刹那，就决心攻打邯郸，究竟是出于什么原因呢？是为了父亲的梦想吗？还是为了报浊泽之战的一箭之仇呢？

魏惠王似乎踌躇满志，魏国士兵依然以勇猛著称，依然威震天下。当然，趁军队还有能力作战时作战，也是一种方法。但魏惠王不知道的是，东方已经产生了变数。齐威王手下人才济济，接下来孙膑就要出场了，他将彻底终结吴起致力打造的以魏国为中心之战国格局的梦想。魏国的士兵终于向邯郸出发了。这件事情发生在公元前354年。

1. 桂陵之战——魏国前方疲惫，后方掣肘

　　为了攻打邯郸，魏惠王提前做了一些准备工作，他先向宋国提出了协助要求。[①]此时宋国正在日益萎缩，整天被周围的魏国、齐国、赵国呼来喝去。尤其是一年之前，宋国遭到了魏国的攻击，更进一步萎缩了。而魏惠王竟然要求宋国在自己攻打赵国邯郸时从旁协助。结果宋国的君主偷偷地向赵国派去使臣，询问赵国的意见。

　　使者说：“魏国军队强悍、威势很大，如今向敝国征调军队，敝国如不从命，国家就会有危险。如果帮助魏国进攻贵国，就会损害贵国，那样我王又于心不忍，希望大王能想出合适的对策指导敝国。”赵成侯[②]说：“好吧。贵国兵力不足以抵挡魏国，寡人是知道的。削

---

① 出自《战国策·宋卫策》。

② 《战国策》里，当诸侯并非“王”，而是“公”或“侯”时，往往还是称呼他们为王。这是由于《战国策》并非第一手资料，而是经过了后人的删减，受到后人阐释的影响。笔者在引用《战国策》时更正了许多《战国策》的谬误，但文中并没有一一指出。此处原文中的记载是“赵王”，而非“赵成侯”。

弱敝国来增强魏国实力，对贵国也很不利。那么寡人该用怎样的方式告诉贵国才可以呢？"宋国的使者提出了这样的计谋："臣请求大王允许敝国进攻贵国边境上的一座城邑，慢慢进攻，多耗些时日，以此来等待贵国下吏的命令。^①"赵成侯说："好。"

赵成侯同意了宋国使者的意见，而魏惠王却误以为获得了援军。他很高兴，说："宋国人在帮助我攻打赵国。"

因此旷日弥久的邯郸包围战就打响了，然而不久之后，宋国就背叛了魏国。

魏惠王包围邯郸时，表现出了必胜的决心。赵国使者焦急万分地到齐国求救。如果齐国不帮助赵国，那么赵国就要亡国了。根据《史记》的记载，齐威王召集大臣商议^②："救赵好还是不救赵好？"邹忌说："不如不救。"段干纶说："不救就是不义，并且对我们不利。"齐威王说："为什么呢？"段干纶回答说："（倘若）魏国并吞邯郸，这对于我国来说，是不是一个占领赵国的有利时机呢？"齐威王说："原来如此"。齐威王决定率军出师，命令说："把军队驻扎在邯郸的郊外。"段干纶说："臣所说的救援有利或无利，并不在此。救援邯郸，驻扎在城郊，不仅不能占领赵国，反而保全了魏国。所以不如向南进攻魏国的襄陵，以让魏国疲敝，等邯郸被魏国占领时，我们趁魏国疲敝进攻他们，这是攻破赵国并削弱魏国的好办法。"齐威王

---

① 原文是"以待下吏之有城而已"，但意思讲不通。笔者推测，这里的"城"，应当是"命"的误记。如此一来，这句话的意思就可以理解成："拿贵国的一座城邑，敝国假装攻击它来拖延时间，等事态收拾得差不多时，贵国就派一位官吏传达贵国对我们的命令。"

② 《战国策·齐策》与《史记·田敬仲完世家》的对话内容很类似。《史记·孙子吴起列传》与《孙膑兵法·擒庞涓》的内容虽然从逻辑上衔接得较好，但很难实现完美重构。首先《孙膑兵法·擒庞涓》与《史记》《战国策》的内容相当不同。《孙膑兵法》中记载在桂陵之战中生擒了庞涓，然而《史记》与《战国策》却记载庞涓在马陵之战中战死。由于桂陵之战与马陵之战都曾实际存在，所以在此遵从《史记》的记载，即马陵之战中，魏国太子被生擒时，庞涓也战死了。

同意了段干纶的意见，他说："好。"于是齐国便首先去进攻魏国的襄陵了。

上文的故事似乎是在事件结束以后总结整理而成的，实际上的战况要复杂得多。《竹书纪年》中记载："梁惠成王十七年，宋景敩、卫公孙仓会齐师，围我襄陵。"证明这场战役并非仅是魏国与齐国的对决，更是魏国与齐国、赵国、宋国、卫国联合军的对决，而且诸军进攻的路线极有可能并不是唯一的。

对于这场战争，《孙膑兵法》中的论述是最详细的，所以我们来了解一下。魏惠王准备攻打赵国都城邯郸，（在攻打邯郸之前）便命八万大军先攻打卫国的茌丘。①齐国大将田忌率领八万军兵开到齐卫边境以应对魏军，当时魏军在攻打卫国，②卫国的形势十分危急。当田忌犹豫着是否要救卫国，进退维谷时，孙膑却指出，不能去救卫国。③

田忌便问道："如果不去救卫国，那我们该怎么办呢？"孙膑回答说："请将军南下攻打魏国的平陵。平陵城池虽小，但管辖的地区很大，人口众多，兵力很强，是东阳地区的战略要地，很难攻克。我军可以故意在这里用兵，以便迷惑敌军。我军攻打平陵，平陵南面是宋国，北面是卫国，进军途中还要经过魏国的市丘，我军的运粮通道很容易被切断，我们要故意装出不知道这种危险的样子。"

于是田忌听从了孙膑的计谋，拔营向平陵进军。接近平陵时，田忌又请来孙膑，问道："接下来该怎么办呢？"孙膑说："我国的大夫之中，谁最不擅长作战？"田忌说："（从未直接在前线作战的）齐城（齐国首都）和高唐的大夫最不擅长作战。"孙膑说："请您命齐

---

① 后文的内容对《孙膑兵法·擒庞涓》进行了一定的加工。但笔者并不确定庞涓究竟有没有参加此次战争。这里遵循银雀山汉墓竹简整理小组所赋的篇名与阐释。

② "庞涓攻卫"后应当是漏掉了几个字，意思应当是"庞涓攻了卫国的某个地方，卫国形势危急"。

③ 这一部分也有许多漏字，但可以从后面田忌的问句"不去救卫国的话，那我们该怎么办呢？"来推测。

城、高唐的大夫经过环涂。①环涂是魏军的屯驻之地，我军派出前锋发起猛烈进攻，主力部队按兵不动。环涂的魏军必定会反击，两位将军可能会打败仗，甚至牺牲。"

于是两位大夫依命各自率领部队向平陵进击，果然不出孙膑所料，平陵、环涂两处魏军从后面夹击齐军，两位大夫所率领的齐军大败。田忌又急忙召孙膑问计："我军没攻下平陵，反而失去了齐城、高唐的两位大夫，遭受很大损失，如今如何是好？"孙膑说："请立即派出轻装战车，往西直捣魏国都城城郊，激怒魏军。我军再需分出少数兵力和魏军交战，显出我军兵力单薄的样子。"田忌一一照办。

庞涓果然丢掉辎重，昼夜兼程回救魏都。孙膑带领主力部队在桂陵埋伏袭击魏军。魏军最终历经七个月才占领了邯郸，而齐国却趁魏军疲惫之际，大获全胜，这就是著名的桂陵之战。

据《史记·孙子吴起列传》的记载，孙膑建议田忌攻打大梁时进行了如下的一番论述：

"想解开乱丝的人，不能紧握双拳生拉硬扯；想解救斗殴的人，不能卷进去胡乱搏击。要扼住争斗者的要害，争斗者因形势限制，就不得不自行解开。如今魏赵两国相互攻打，魏国的精锐部队必定在国外精疲力竭，老弱残兵在国内疲惫不堪。将军不如率领军队火速向大梁挺进，占据它的交通要道，冲击它正空虚的地方，魏国肯定会放弃赵国而回兵自救。这样，我们一举解救了赵国之围，又可坐收魏国自行挫败的成果。"

由于史书上的很多记载相互矛盾，细节部分还有待推敲，但总体而言，齐国朝廷与孙膑的战略是围魏救赵。

当时的作战情况有两种可能。其一，齐军与宋军、卫军会合，向襄陵进军。当魏军南下攻打卫国时，联合军也曾考虑是否要予以

---

① 这一部分也漏掉了许多字，无法知晓准确的意思。在此参考后文，取其大概的意思。

回击，但最终还是依照孙膑的计策南下，途经平陵、襄陵，攻打了魏国大梁。其二，齐国军队一开始就分成了两支，其中一支就是包围了襄陵的宋、齐、卫联合军，另一支就是田忌与孙膑的军队，原本打算越过边境援助赵国，但最终袭击了大梁。后一种情况存在极高的可能性，《史记·孙子吴起列传》中孙膑的一番话可以成为其依据。

时至今日，围绕桂陵之战的真相，学界仍然存在各种各样的推测，但大致的形势是很明确的：魏军在攻打赵国邯郸时，大后方遭遇袭击，虽然魏军最终攻克了邯郸，但由于在桂陵大败，邯郸也就保不住了。

《战国策·秦策》中有一段记载，魏军攻克邯郸以后，魏惠王一时之间八面威风。有人向秦王游说："魏惠王出兵攻破邯郸，班师回国后在逢泽主持诸侯会盟，他乘坐夏车，自称夏王（俨然自诩为中原之主），率领诸侯朝见周天子，诸侯们莫不相从。齐太公（实际上并非齐太公，而是齐威王）听说这回事后，出兵讨伐魏国，魏国被一分为二，濒于危亡。魏惠王不得已，带上重礼（抱质执璧）向齐王请罪，表示愿意俯首称臣，诸侯们这才停止对魏国的打击。"

正如在这段记载里我们所看到的，魏惠王出师攻打邯郸，一开始似乎很顺利，但实际上前线因攻打邯郸而疲惫不堪，后方则因遭到打击而遍体鳞伤。

魏惠王四面树敌，在邯郸展开包围战时，西方发生了更加严重的事情。秦国不满足于占领西河，更进一步越过黄河，攻取了安邑。仅仅十年前，安邑还是魏国的首都，如今魏国不仅要放弃邯郸，而且沦落到向东要完全屈服于齐国、向西完全屈服于秦国的境地，搞不好社稷也会倾覆。

而更坏的消息是率领秦军攻取安邑的将军，不是别人，正是公孙鞅，也就是后来著名的商鞅，也称商君。对于魏国来说，商鞅就是一个噩梦。商鞅的故事我们会在下一章中详细论述，在此我们先了解一下孙膑。

2. 马陵之战——魏国遭遇灭顶之灾

魏惠王再次出师

通常情况下，一般人都会努力做到不再重蹈覆辙，但也有人就是不能从过去的失败经历中汲取教训，而魏惠王就是这样的人。

在桂陵大败以后，魏国又被商鞅夺去了安邑与高阳。如果换做头脑清醒的君主，必定从这个凄惨的结果中汲取教训，转为防守的状态，内修政治，尽力锁住西方的大门，但魏惠王却并没有这样做。几年之后，魏惠王再次攻打韩国。但魏国的这种举动并没有充分预估到齐国的干预，当它与韩国在南梁大战时，韩国因力量不足，便向齐国求援。

齐威王召集大臣谋划，说："早救援韩国与晚救援韩国，哪种做法对我们有利？"张丐回答说："如果晚救韩国，韩国将会转投魏国，不如及早救援他们。"

田臣思（田忌）反驳说："不行。韩、魏两国的军队还没打到精疲力尽，我们却去救援韩国，那我们就会代替韩国承受魏军的进攻，反过来听从韩国的命令（意思是齐国与魏国作战消耗了实力，韩国就会变强大）。再说魏国有击破韩国之心，韩国看见自己将要灭亡，必定跑到东边来向我国求救。我们趁机暗中与韩国结成联盟之亲，晚些时候迎战魏国的疲敝军队，那么我们国家可以得到重视，利益可以到手，名声就可以尊显了。"（《战国策·齐策》）

田忌所提出的这个计策，显然是孙膑告诉他的。孙膑与田忌的计策大致是要等待对方疲敝的机会。齐宣王同意了田忌的意见，暗中告诉韩国使者说齐国会帮助他们，然后把使者打发回韩国。韩国自恃有齐国的救助，便与魏国大战五次，但都没能取胜，便低三下四地跑到东边再向齐国求救，孙膑出场的时刻又到了。

孙膑庞涓之缘

这次率领魏军的人叫庞涓。《史记·孙子吴起列传》中记载了孙膑与庞涓的奇妙缘分。孙膑本是齐国人，也是孙武的后代子孙，曾经和庞涓一道学习兵法。庞涓侍奉魏惠王以后，当上了魏国的将军。他知道自己的才能比不上孙膑，便一直耿耿于怀，就秘密找到孙膑，然后捏造罪名砍掉他的两只脚，并在他的脸上刺了字，想让他躲起来，不敢再抛头露面。

不久，齐国的使臣来到大梁，孙膑秘密地会见了齐使，请求他带自己回齐国。齐国使臣认为他是个难得的人才，就偷偷地用车把他载回了齐国。回到齐国以后，大将军田忌很赏识他，也很善待他。人们在谈论《孙膑兵法》的变幻莫测时，经常会提到"田忌赛马"的故事，这段故事应该也是这时发生的。

田忌很喜欢赛马，却因马不如齐王的强而常常输掉比赛。孙膑于是告诉田忌说，自己有必胜的计谋。田忌将信将疑，便与齐王和贵族子弟们比赛，下了千金的赌注。孙膑是这样告诉田忌的："现在用将军的下等马对付他们的上等马，拿将军的上等马对付他们的中等马，让将军的中等马对付他们的下等马。"

三场比赛结束，田忌的下等马败了一场，中等马与上等马胜了两场，田忌因此赢得了比赛。田忌也见识了孙膑的才能，就让他做了自己的军师。庞涓究竟有没有诬陷同门孙膑，真相尚未可知。因为孙膑与庞涓原本并未在同一个国家为官，而庞涓却将他变成了自己的敌人，这种做法实在令人匪夷所思。当然，孙膑受庞涓诬陷的事情虽不确定，但他在魏国受到膑刑却似乎是真的。《韩非子·难言》中记载："孙子膑脚于魏。"因此对于孙膑来说，就算庞涓没有伤害他，魏国也确实是他的死对头。孙膑会轻易地放过与他有血海深仇的魏国吗？

百战百胜之策

于是齐国朝堂便制订好了计策，等到韩国与魏国作战到精疲力竭时再出马。那么当韩国使臣再次来齐国求救时，孙膑又会提出怎样的计策呢？我们再回到《史记》的记载中去。

这次田忌率领军队径直进军大梁，魏将庞涓听到这个消息，率师撤离韩国回魏。庞涓是以将军的身份出征的，而且魏太子申也作为上将军一同出征，可见这次魏国出征是抱着必胜的信念的。但等魏军回师时，齐军已经撤退了。到底孙膑的葫芦里卖的是什么药呢？

孙膑对田忌说："那魏军向来凶悍勇猛，看不起我兵，他们认为我兵胆小怯懦。善于指挥作战的将领，就要顺应这样的趋势而加以引导。兵法上说，'用急行军走百里和敌人争利的，有可能折损上将军；用急行军走五十里和敌人争利的，可能有一半士兵掉队'。现在，命令军队撤离魏境，第一天先砌十万人做饭的灶，第二天砌五万人做饭的灶，第三天砌三万人做饭的灶。"

说完齐军就开始撤退，魏太子申与庞涓在后面追赶。魏太子申行至大梁以东一百里的外黄时，一位被称为徐子的人向太子进言："臣有百战百胜的计策。"太子申说："愿闻其详。"徐子说："太子亲自率师伐齐，即使大胜并占领莒（今山东省莒县，当时在齐国东南）地，富不过拥有魏国，显贵也不过是成为魏王。可一旦失败了，恐怕太子的子孙后代会永远失去魏国。这就是臣所说的百战百胜的计策。"

这是徐子对太子申意味深长的忠告。太子申回答说："您说得对。我一定听您的话，还师回朝。"可徐子说："恐怕您现在想回也回不去了，国内许多人都盼着从您出征这件事中邀功取利呢。"这时为申驾车的人也说："将军刚领兵出来就立即返回，跟当逃兵没有什么区别。"

于是魏军便继续前进。那些想邀功取利的人，为首的应当就是庞涓。庞涓命人清点了齐军的饭灶，断定齐军的军纪紊乱，不断有逃兵出现。

他说:"我本来就知道齐军胆小怯懦,进入我国境才三天,开小差的就超过了半数了!"

于是庞涓不等大部队到来,便率领轻装精锐的部队追击齐军,一天便走了平时两天的路程,此时孙膑已经在马陵狭窄的山谷中等待庞涓了。天黑时,孙膑命人在庞涓军队必经之处,砍去路旁大树的树皮,露出白木,写上"庞涓死于此树之下"。然后命令一万名善于射箭的齐兵,隐伏在马陵狭窄的道路两边,约定"晚上看见树下火光亮起,就万箭齐发"。

到了晚上,庞涓果然赶到了砍去树皮的大树下,看见白木上写着字,就点火去照,登时齐军的伏兵万箭齐发,魏军大乱,互不接应。庞涓自知无计可施,失败已成定局,就拔剑自刎,临死说:"倒成就了这小子的名声!"

齐军乘胜追击,来了一个瓮中捉鳖,把魏军彻底击溃,俘虏了魏国太子申回国。据史书记载,在马陵之战中十万魏军被全歼,可见孙膑应该在攻打魏军的先锋部队之后,又立刻攻打了魏军的大部队。而且史书中曾提到魏惠王说长子已死,可见太子申在被生擒时已经负伤,或先被生擒后被处死,呜呼哀哉,可谓惨痛之至。

遭到致命打击的魏国

从此,魏国完全衰弱而且一蹶不振。《战国策·魏策》中记载了马陵之战以后魏国的政局。

齐国、魏国在马陵交战,齐国大败魏国,魏太子申被杀,魏军十万人被消灭。魏王召来相国惠施说:"齐国是寡人的仇敌,仇怨至死也不会忘记,我国虽小,但寡人常想调全部兵力进攻齐国,您觉得怎么样?"

惠施劝阻魏惠王说:"大王不可以这样做。臣听说,为王者要适合法度(得度),称霸者要懂得计谋(知计)。现在大王告诉臣的,不仅不符合法度，而且离计谋也太远了。大王本来先同赵国（魏国曾与赵、韩联合军作战）结下了仇怨，而后又同齐国作战。现在仗没打胜，国家没有继续作战的准备，大王又要调全部兵力进攻齐国，这不是臣主张的法度与计策。大王如果想报复齐国，不如更换君主的服装，屈己下人去朝拜齐国，这样楚王一定会发怒。到那时大王再派人到齐、楚两国游说，激起他们之间的争斗，那么楚国一定会进攻齐国，以强大的楚国去进攻疲敝的齐国，齐国就一定会被楚国击败，大王这是利用楚国来毁掉齐国。"

魏惠王说："好计策。"然后就派使臣向齐国报告说，魏王愿意称臣朝拜。田婴答应了，但张丑反对说："不行。如果当初我们并没有打赢魏国，却让魏国行朝见之礼，我们与魏国联合而降服楚国，便可以获得大胜。如今我们战胜了魏国，消灭了十万魏军，而且擒获了太子申，使拥有万辆兵车的魏国臣服，让秦国、楚国的地位更低，并且打压了（魏国的）凶暴残忍①。况且楚王为人喜欢用兵而且非常贪图虚名，楚国最终一定会成为齐国的祸患。"

张丑的议论虽简单，却洞悉了魏国的阴谋。但田婴没有听从张丑的建议，而是接纳了魏王，接受了魏惠王的朝拜，据说魏惠王曾经三次到齐国去。从这段记载来看，惠施企图利用楚国与齐国作对，而张丑意图阻止齐国被魏国利用。果然，惠施与张丑的估计是正确的。终其一生，魏惠王只有这一次从战术上做出了正确的判断。等魏国向齐国低头，楚国发现齐国强大起来了，便要牵制齐国。

次年，西方的商鞅再次出击，俘虏了魏公子卬。在魏国人败于桂陵之时，秦国攻打了安邑，这次魏国大败于马陵时，秦国便再次

---

① 原文为"此其暴于庚定矣"。"暴庚"的意思是"凶暴残忍"。这里的"于"似乎应当写作"与"。这句话的含义相当模糊，究竟指的是谁的暴庚被镇压了呢？大约指的是魏国。因此，这里可以解释为："没有必要接受他们的朝拜，如果接受了魏国的朝拜，楚国一定会嫉妒。"因为楚国在北边与齐国接壤。

出击。这次出动的不仅有秦军,还有齐、赵的军队。魏国四面楚歌,如果不臣服,国家就会面临灭亡的境地。商鞅的故事我们会在下一章中讲述,下面让我们到魏国的朝廷中去,看看魏国的政治状况。

3. 鼠目寸光与妄言的代价

孙武、吴起、孙膑的兵法都认为战争决胜于朝堂之上,尤其是吴起,认为战场上的胜败取决于该国的政治路线是否正确。魏惠王并不懂得政治的含义,孟子对他的批判可谓切中肯綮。

魏惠王问孟子:"先生周游列国,不远千里而来,一定有对寡人的国家有利的高见吧?"孟子回答说:"大王,何必说利呢?只要说仁义就行了。(何必曰利?亦仁义而已矣。)"然后孟子辛辣地批判了魏国的政治,他说:"猪狗吃百姓的东西却不约束制止,路上有饿死的人却不开仓济粮。(狗彘食人食而不知检,涂有饿莩而不知发。)"

战国时代第一个实行了平籴法的国家果真沦落至此吗?"平籴法"是李悝、吴起、西门豹等人费尽心血确立的体系。如果是真的,那么魏国究竟为什么会沦落至此呢?在杀气腾腾的战国时代,对于那些追逐眼前利益的人来说是没有什么长久利益可言的。魏惠王的判断标准只有一个,便是能否在战斗中取胜,只要有一点取胜的征兆,他就如同飞蛾扑火,奋不顾身。如果战斗失败了,他也不懂得反省,而总是责备别人,伺机报复。孟子曾经诘问魏惠王:"那么长时间以来忙于追逐利益,大王果真获得过利益吗?"

在经营国家时,君主不能总是抱着一种试试看的态度,也不能依照一些没有经过验证的妄言来采取行动。吴起曾说过,三军如泰山,不可随意出动,一旦出动,必须取得胜利。魏惠王为何如此轻率地发动三军呢?因为他是一个毫无主见的君王。正因为他没有主见,就没有能力区分是非,很容易被别人华丽的言辞所迷惑。与辅佐齐威王与齐宣王的邹忌不同，辅佐魏惠王的惠施只不过是一个言辞华丽的"空心稻草人"罢了。

据《吕氏春秋·不屈》的记载，魏惠王曾受到惠施的很大影响，甚至还曾想让位于惠施。惠施能言善辩，任何问题都能对答如流。正如齐桓公曾经称呼管仲为"仲父"一般，魏惠王也曾称呼惠施为"仲父"，足见惠施是何等能言善辩，魏惠王是何等器重他。

后来惠施主张合纵，并与张仪对立，但他只不过是一位演说家，与战略家吴起、辅佐能臣邹忌不可相提并论。在辅佐魏惠王时，他所取得的成就与他的能言善辩相比，实在少得可怜。

《吕氏春秋》中记载，惠施在魏国从政时曾经发生了这样一个故事。匡章在魏惠王面前对惠施说："农夫一发现螟虫就捉住它、弄死它，这是为什么呢？因为它损害庄稼。如今您一行动，多的时候跟随着几百辆车、几百个步行的人。这些都是不耕而食的人，他们损害庄稼也太厉害了吧。"魏惠王说："惠子很难用言辞回答您，虽然如此，还是请惠子谈谈自己的想法吧。"

我们接下来就要见证惠施的能言善辩了，他是这么回答匡章的："如今修筑城墙的，有的拿着大杵在城上捣土，有的背着畚箕在城下来来往往地运土，有的拿着标尺观察方位的斜正。像我这样的，就是拿着标尺的人啊。让善于织丝的女子变成丝，就不能再织丝了；让巧匠变成木材，就不能处置木材了；让圣人变成农夫，就不能管理农夫了。我就是能管理农夫的人啊，您为什么把我比作螟虫呢？"

真不愧是传说中的演说家，言辞果真颇有风采，但《吕氏春秋》中却批评了惠施的能言善辩。

> 惠子之治魏为本，其治不治。当惠王之时，五十战而二十败，所杀者不可胜数，大将、爱子有禽者也。大术之

愚，为天下笑，得举其讳，乃请令周太史更著其名^①。围邯郸三年而弗能取，士民罢潞，国家空虚，天下之兵四至，众庶诽谤，诸侯不誉。谢于翟翦，而更听其谋，社稷乃存。名宝散出，土地四削，魏国从此衰矣。

魏惠王之所以要向翟翦道歉，是由于之前他没有听从翟翦的建议。从前惠施制定了一种新的法令，可翟翦认为这种新的法令听起来好像很好，实施起来却并不适宜，对魏国没有什么用处。那么，惠施的"大术"指的又是什么呢？应该是指惠施意味深长的逻辑，抑或是通过外交政策停止战争的主张，但一言以蔽之，惠施这个人是徒有其名的。

《庄子·天下》中记载了惠施的几种逻辑，其中有"天与地卑，山与泽平"的主张，以及"今日适越而昔来"等玩弄口舌的言辞，甚至"泛爱万物，天地一体也"等深奥的言论。

《庄子·天下》中对惠施言辩的评价是"其道舛驳，其言也不中（方术甚多却杂乱不纯，而且言而不当）"。虽然惠施所言似乎有深奥的道理，但他不同于老子等真正的知识分子（真人），而是以逞虚妄的口舌之能为常事。因此庄子一口否定了包括惠施在内的辩者，认为他们往往"能胜人之口，不能服人之心（能在口头上战胜别人，却并不能让人心悦诚服）"。

当然，惠施作为一名逻辑学者在历史上具有重要的地位，可政治并非逻辑学。惠施嘴上虽然主张反战，可他在魏国为政时，魏国参加战争的次数有增无减。战争的产生是由于强弱的形势的变化，惠施不注重巩固国家的根本，只懂得像辩论时一样便宜从事，最终只能被拖上战车了。部分文献中虽记载惠施主张反战，但他并没有像墨子一般从始至终地坚持这一理论。举一个简单的例子，魏国马

---

① 要么是指魏惠王要舍弃称号，要么是惠施舍弃"仲父"的称号。

陵之战失败以后，他提出了借助楚国攻打齐国的计策，虽是妙计，却与后来他所主张的魏国、齐国、楚国合纵的策略相违背。

惠施所谓的"去尊"等主张也不过是一种无法付诸实践的言辩。战国时代，农民在田野中挨饿，士兵在战场上死去，可惠施出行时的队伍怎么能那么奢华呢？正如匡章所指出的，这实在有自相矛盾之嫌。《庄子·逍遥游》中记载，惠施认为庄子的言语"大而无用"，而他所谓的"用"就是魏惠王所说的"利"，真是有其主必有其臣。就算惠施偶尔提出一些貌似深奥的主张，但他的言行不一，因此他的反战不同于墨子，他的主张自然也有别于庄子。

更可笑的是，马陵之战刚结束不久，惠施似乎就逃走了。他虽曾长时间地辅佐君王，甚至蛊惑君王屈尊到别国去，向别国君王行臣子之礼，但国内的舆论对他很不利。《吕氏春秋》中这样嘲笑徒有虚名的人和他们的结局。

> 故惠王布冠而拘于鄄，齐威王几弗受；惠子易衣变冠，乘舆而走，几不出乎魏境。

4.《孙膑兵法》VS《吴起兵法》

密谋反叛

《战国策·齐策》中有一段非常有趣的故事。田忌与成侯邹忌之间冰炭不相容，关系紧张。齐国在马陵之战中大获全胜以后，孙膑向田忌提出了这样的计策。

田忌担任齐国军队将领，活捉并杀死了魏太子申，迫使魏国大将庞涓自杀。孙膑对田忌说："将军可以凭借这次战功干一番大事业吗？（将军可以为大事乎？）"田忌问："怎么做？"孙子说："将军不要解散军队回到我国，而要让那些疲惫老弱的士兵守住主（地名）

的要道。主地的道路狭窄，只能通过一辆战车，两车相遇非撞在一起不可。假如让那些疲惫老弱的士兵守卫主地隘口，必定以一当十，以十当百，以百当千。然后背靠泰山，左涉济水，右越高唐，让大部队在高宛摆开阵仗，①派出轻便的战车、精锐的骑兵冲进雍门（都成临淄的西门）。如果这样做，那么我国的国君就能安定，成侯（邹忌）就得逃走。不然的话，将军再也不能回到故国了。"

这个计策是否有些骇人听闻呢？孙膑这是在劝田忌发动政变，占领齐国。田忌没有听从孙膑的计策，果然没能回到齐国。

这段故事会不会是真的呢？当然从形势上来讲，孙膑有可能真的提出过这个计策，但也极有可能是田忌下台以后他的政敌所杜撰的。后来田忌在政治斗争中失意，流亡到了楚国。田忌流亡以后，齐国大臣肯定会给他安放各种罪名。但这段故事的内容的确符合孙膑变化无常的风格，孙膑兵法的核心就在于考察形势。如果这个故事是真的，那么孙膑真可谓"倾国之士"，但我们这里暂且不去讨论这段故事的真伪。

田忌与邹忌确实不睦，《战国策·齐策》与《史记》里都有记载，可以证明这一点，而《史记》里记载的故事似乎就源于《战国策》。最初邹忌是反对马陵之战的，但当田忌强硬地主张作战时，邹忌又主动策动齐王答应田忌，他的如意算盘是，如果仗打赢了，可以归功于自己；如果田忌输了，就趁机除掉他。更可怕的是，邹忌收买了市场上的占卜之人，诬陷田忌阴谋造反。他诬陷田忌询问占卜之人说："如今欲图大事，麻烦你占卜一下，看看吉凶如何？"田忌陷入困境，因此率领军队攻打临淄，让他们交出成侯，最终失败流亡到了楚国。

收买占卜之人是否真有其事我们并不确定，因为《战国策》里

---

① 原文是"军重踵高宛"，这句话也可以解释为"将军队与辎重运到高宛"。笔者在此将"军重"解释为"重军"，即重武装的部队或是大部队。这是因为后面有"轻军"的说法。

有太多故事其实是在事件发生之后杜撰而成的。但通过这段记载，我们可以推测当时田忌与邹忌之间关系非常恶劣，所以笔者才会在这里向读者讲述这段故事。

但这段故事也疑点重重，原因如下。假设后来邹忌下台，东窗事发，这段故事是一定会被记载下来的。但邹忌从未下野，他在密室里所说的话有谁能知道呢？《史记》的其他内容都很连贯，表现了邹忌阻止齐国介入三晋之间的争斗，阻止攻打魏国。那么邹忌果真会单纯为了陷害田忌，而建议先发制人地攻打魏国吗？

笔者之所以会如此描写田忌、孙膑、邹忌的对立，是基于战略论。孙膑虽长于战术，但从整个战国时代来看，邹忌的战略才是正确的。孙膑与田忌出征是为了最大限度地同时削弱韩、魏，并不是真心想帮助韩国才去救援的。最终，齐国拯救了韩国，把魏国变成了敌人，可齐国因此变得更加强盛了吗？国家的为政者派出军队时，应当以战后本国的强盛为标准，而不是以敌国的削弱为标准。此后天下间还会发生更多的兼并战争，因而不断增强本国的实力，抢夺邻国的人民才是基本的战略，进一步说，要趁邻国政治紊乱之时同时获得土地和人民，才是最佳的方案。

当时三晋的政治水平在伯仲之间，三晋内部混战之时，正是齐国巩固内部实力的好时机，因此此时齐国不应该出动军队。当三晋至少合并为两晋时，齐国才能与他们展开正常的邦交，可齐国对三晋政治的介入太频繁了。齐国虽然在野战中取得了胜利，但它与战败国一样都蒙受了损失。邹忌与孟子所主张的中心思想正在于此，他们并没有要求国家彻底从战争中抽身，只是要求为政者不要因追逐一些不明确的利益而轻率地介入战争。

孙膑究竟有没有策划政变呢？这我们就不得而知了。如果他真的策划过政变，就证明他可以为了主人的利益而放弃整个国家。即便他没有策划这场政变，孙膑兵法中也有很多因素，完全可以让世人对孙膑产生类似的误解，因为他的兵法太变化莫测，很容易令人混淆究竟什么是手段，什么是目的。总而言之，这就是吴起兵法的可预测性与孙膑兵法的不可预测性之间的差异。

取胜的手段抑或图谋国家？

接下来我们应该对孙膑与吴起进行一番比较了。在笔者看来，孙膑是战术家，而吴起则是战略家；孙膑是谋士，而吴起则是司令官。

《孙膑兵法·见威王》中有这样一段话：

> 然夫乐兵者亡，而利胜者辱。兵非所乐也，而胜非所利也。

但这只是兵书的客套话，孙膑真正想说的话还在后面。

> 尧有天下之时，黜王命而弗行者七，夷有二，中国四，（文字佚失）……素佚而致利也。战胜而强立，故天下服矣。昔者，神戎战斧遂；黄帝战蜀禄；尧伐共工；舜伐（竹简遗失）而并三苗，（竹简遗失）管；汤放桀；武王伐纣；帝奄反，故周公浅之。故曰，德不若五帝，而能不及三王，智不若周公，曰我将欲责仁义，式礼乐，垂衣裳，以禁争夺。此尧舜非弗欲也，不可得，故举兵绳之。

《孙膑兵法》的这一段很明显是在攻击孟子。《吴起兵法》虽然也强调战争的重要性，但是并没有说战争不可避免。

《孙膑兵法》大致就是以这种形式展开的，即前文中罗列一些客套话，而将真正强调的部分放到后面，《篡卒》部分的论述也类似于此，下面的这段话是关于战略的。

> 德行者，兵之厚积也。信者，兵之明赏也。恶战者，

兵之王器也。

但后面的文字却基本上都是关于战场战术的。

> 恒胜有五：得主专制，胜。知道，胜。得众，胜。左右和，胜。量敌计险，胜。

强调"将在外，君命有所不受"是《孙子兵法》和《孙膑兵法》的共同点，这是站在兵家的立场上强调司令官在战时的自主性。但这两部兵法都没有达到一种境界，即他们都没有认识到战争是政治的延伸。而吴起则完全将战争放到政治的延长线上来考察，认为如果敌国的政治错误，那么我们就已经立于不败之地了。相反，《孙膑兵法》实际上最重视的就是"形势"。

孙膑在《孙膑兵法·将义》中强调一位优秀的将军应当具备以下几种素质，即义、仁、礼、德、信、智，但他所强调的重点依然在后面，即"智谋"。孙膑在实际上运用智谋的时候，并没有以仁或义为标准。他一方面强调"天地之间，莫贵于人"，另一方面却总是很自然地以我军为诱饵。以一次失败为代价取得两次胜利的"田忌赛马"，以及桂陵之战中牺牲掉两位最不擅长作战的大夫，都是典型的例子。但吴起用兵时却没有这样做。

吴起曾将军队分成了五种类型，而《孙膑兵法·五名五恭》①的论述就是以这五种类型的军队为基础展开。孙膑与吴起的两篇文章几乎是相互呼应的，吴起所划分的五种类型的军队分别是义兵、强兵、刚兵、暴兵、逆兵，那么孙膑对此有何看法呢？

---

① 这篇与《吴起兵法》的对比最为鲜明。很多内容表面上类似，实际上有很大的差异，但在编排上最为类似。笔者认为，这篇文章大概是作者（孙膑学派）为批判吴起兵法而做出的阐释，因此可以说这部分最能体现吴起与孙膑之间的区别。

"兵有五名：一曰威强，二曰轩骄，三曰刚至，四曰䁟忌^①，五曰重柔。"也就是说，军队有五种类型：第一种是威武强大，第二种是高傲骄横，第三种是刚愎自用，第四种是贪婪猜忌，第五种是优柔寡断。

那么，面对这五种类型的军队，我方该怎样去应对呢？

对付威武强大的军队要故意示弱，装出屈服的样子而等待时机；对付高傲骄横的军队，可以装出恭敬的样子而假以时日；对付刚愎自用的军队，可以用诱敌计而战胜；对付贪婪猜忌的军队，可以威逼其前锋（或者假装威逼其前锋），同时在其侧翼虚张声势加以骚扰（薄其前譟其旁：在其侧翼出没，或是胡乱击鼓扰乱其心神），再用深沟高垒使其难于运粮补给；对付优柔寡断的军队，可以虚张声势施以恐吓，用小股部队做些试探性的攻击，如果敌军出动就加以攻击，如果敌军不出战就逼其后退。

下面我们对孙膑与吴起提出的五种军队类型进行一番比较。首先，《孙膑兵法》中所提到的五种军队里并没有吴起所说的"义兵"，也就是"消除暴政、平定叛乱的军队"。当然也没有"背弃礼义、贪图利益的暴兵"和"不顾国乱民疲，仍兴师动众的逆兵"。我们会发现，吴起划分军队的标准是军队的道德特点，而孙膑的划分标准则是军队的强弱。一支军队究竟是"义兵"还是"逆兵"，根本不在孙膑的实际考虑范畴之内。因此笔者推测，孙膑也真的有可能曾挑唆田忌谋反，就算他没有唆使田忌谋反，他也完全值得人们怀疑。总之，对于吴起来说，兵法是"图国"的延伸，而对于孙膑来说，兵法是一种在既已发生的战场上的取胜手段。

---

① 第一次出现时，这个词写作"助忌"，然后这个词又变成了"䁟忌"。笔者猜测大概是"鸣叫"的意思。银崔山汉墓竹简整理小组认为这个字应当是"冒"，并将其解读为"贪婪"之意。

孙膑的变化与吴起的原则

后面这段文字也很意味深长，孙膑批判了吴起永恒不变的原则，强调军队要随机应变。

> 兵有五恭、五暴。何谓五恭？入境而恭，军失其常。再举而恭，军无所粮。三举而恭，军失其事。四举而恭，军无食。五举而恭，军不及事。入境而暴，谓之客。再举而暴，谓之华。三举而暴，主人惧。四举而暴，卒士见诈①。五举而暴，兵必大耗。故五恭、五暴，必使相错也。

孙膑强调军队应视情况自然地转换恭敬与凶暴这两种截然相反的态度。但《淮南子·兵略训》中却主张要坚持吴起的原则，并大致参考了吴起对军队的分类方法。这篇文章中，具体地描写了霸王之军越过国境，来到敌方首都郊外之后的举动。将军传令部队上下说：

> 毋伐树木！毋抉坟墓！毋烧五谷！毋焚积聚！毋捕民虏！毋收六畜！

该命令的主旨就在于"剋国不及其民（攻克国家却不殃及百姓）"。于是攻克该国后，让该国的政治为之一新，选拔优秀贤良的人士，释放监狱中无辜的冤民。当然，这种说法有些理想主义，但后来刘邦正是通过这种方式成就了大业，建立了汉朝。《淮南子》中所论述的就是战略的问题，而非战术的问题。下面的这一段文字对吴起的主张略微进行了些修饰。

---

① "士卒见诈"，直译的话就是指士兵被人欺骗，可这与表现凶暴有何关联呢？会不会是陷入敌人的诱惑之中的意思呢？

> 兵之胜败，本在于政。政胜其民，下附其上，则兵强矣。
> 民胜其政，下畔其上，则兵弱矣。

那么，对"孙膑贵势"的评价也就揭晓了。[1]吴起认为，我军应当趁敌人政治紊乱时攻击，然后用正确的政治来巩固成果。但孙膑却认为，如果到敌营中去时表现出谦恭的态度，就会被低估；如果一直采取谦恭的态度，就无法掠夺敌人的粮食，从而错失作战的良机，不能取得战果。凶暴的行为也是如此，如果我军一直举止凶暴，就是在鼓舞敌人的士气，我军就必败。因此必须交替使用谦恭与凶暴的态度，敌人才不会小觑我们。我们将孙膑的主张与吴起的征伐论相比较，就会发现二者之间的巨大差异。《孙膑兵法》这种随机应变的态度也适用于现代军队上面，《孙膑兵法·将德》中有这样一段话。

> 爱之若狡童，敬之若严师，用之若土芥。

为了获得士兵的忠诚，将军要像爱护孩童一样珍惜他们，要像尊重严师一样尊重他们，但其最终的目的则是为了在战争中利用他们。孙膑学派极其重视变化，因此不仅是在战斗中，就是日常生活中，待人接物的态度也会因时因地而异。对于这种无穷无尽的变化，敌人是始料不及的，因此孙膑兵法的一个特点就是"奇"。《孙膑兵法·奇正》中用一句话概括了孙膑兵法的核心。

> 形以应形，正也；无形而制形，奇也。奇正无穷，分也。

---

[1] 《吕氏春秋·不二》中评价了各学派代表人物的核心思想。"老耽贵柔，孔子贵仁，墨翟贵廉，（中略）孙膑贵势"。应当说这句话的评价是很准确的，孙膑的兵法中最重视的的确是"形势"。

通过这句话我们很容易了解到，虽然孙膑也提到了用"正"，也就是发挥军队的力量与敌人正面对决，但中心则在于"奇"。孙膑是"奇策"的佼佼者，《老子》中"以正治国，以奇用兵"的主张到了《孙子兵法》中发展为"凡战者，以正合，以奇胜"，到了《孙膑兵法》中再次升华为"无形而制形"，"奇"的重要性越来越高。而吴起的兵法则更接近于"以正合，以奇佑（用正兵作战，用奇兵补充）"。笔者是支持吴起的。笔者认为，应当用正策取得九成的胜利，而用奇策取得剩下的一成的胜利，孙膑的奇策存在侵蚀正策的风险。《吴起兵法·治兵》中提出天下无敌的军队是"父子之兵"。

> 前却有节，左右应麾，虽绝成陈，虽散成行。与之安，与之危，其众可合而不可离，可用而不可疲，投之所往，天下莫当，名曰父子之兵。

将军是父亲，而士兵都是兄弟，在任何情况下，他们都会休戚与共。不用说士兵之间是这样，就连将军与士兵也紧密团结在一起，"与之安，与之危"，同安乐，共患难。士兵会根据将军的指挥冲入敌营，但他们的性命并没有被放弃。吴起让士兵感受到自己是被珍重的，强调胜利的关键在于军队在战场上形成的命运共同体。父亲绝不会视儿子的性命如草芥，因而这样的军队就叫作"父子之兵"。

《淮南子·兵略训》中有云："夫五指之更弹，不若卷手之一挃；万人之更进，不如百人之俱至也。（五根手指交替着弹击，就不如重拳狠狠一击；一万个人一个一个地上去，不如一百号人一起临战。）"指的就是吴起的用兵。"故良将之用卒也，同其心，一其力，勇者不得独进，怯者不得独退。（所以优秀的将帅带兵，能使士卒同心协力，能使勇敢的人不会只身逞强冲杀前进，也不使胆怯的人独自一人后退怯阵。）"就是以吴起的用兵为蓝本论述的。我们知道一位勇士冲入敌营，最终必然会被敌人杀死，因而吴起兵法一直在强调士兵要如手足般团结起来，绝不使任何一人落伍。

　　孙膑的变化的确凌驾于吴起之上，但吴起比他高明之处在于懂得营造大局。因为从大局来看，吴起的做法旨在让我方更强大，而孙膑的做法则旨在削弱对方。无论对手是谁，自我强大者都可以从容应对，而重视削弱对手者，却要管理越来越多的变数，并为此煞费苦心。因此，孙膑并不属于吴起所说的"去之国亡"的人才。

第 6 章

吴起的继承者商鞅

——以变法改革获取胜利的钥匙

研究战国史我们就会发现，历史的发展并非机械运动，它不止有前进与停止，更像一辆战车，在大幅度的左冲右突中曲折前进。每一个朝代，总有人主张改革，也总有人主张保守。在实际的历史进程中，更普遍的情况是：首先一种既有体制被打破，然后社会再次因一些反动势力而后退，历史并不是改革与保守交叉渐进式的过程。商鞅是吴起的继承人，但他比吴起走得更极端，最终走上了手段与目的本末倒置的歧途。

　　吴起主张减少不劳而食的人，而农民不可能不劳而食，所以他的改革对象自然是位高权重之人。当太多的负担压在马背上，马儿也就走不动了。商鞅变法也像吴起改革一样，为百姓减少了负荷，可他同时又给马儿戴上了笼头，把他们改造成只能负重前进的动物。可马儿存在的原因并非只为负重，难道不是吗？

　　商鞅变法不是一种宏伟的规划，它服务的对象还不是统一的王朝，但它的确在战火纷争的时代，让西方冉冉升起的秦国攥住了胜利大门的钥匙。商鞅让所有的百姓了解"以战止战"的规划，以战功为标准，给所有的百姓提升身份的机会，阻止威胁君主权力的寡头制的出现，遏制了一些不必要的浪费，平定了内部的一些纷争。后来楚国、齐国、赵国、韩国等全都形成了由王室成员所控制的寡头政治，而这的确会更进一步削弱国家。

　　商鞅变法成功的秘诀在于他主动出击，将秦国打造成了一所宏大的战争事业风投机构。而风投企业往往会一往无前，直至利率跌到低谷。总之，秦国战争事业的利率每天都在上升，商鞅手握着秦国前进的钥匙，不断为秦国这座大厦的建设添砖加瓦。

1. 商鞅入秦[①]

巧合的是，商鞅与吴起一样，原本也是卫国人。他是卫国国君的姬妾所生的公子，自年轻时起就喜爱"刑名之学（法家之学）"，侍奉魏国国相公叔痤做了中庶子（相当于管家）。公叔痤自吴起时期就已在魏国从政了，可谓国之栋梁。公叔痤知道商鞅的贤能，但还没来得及向魏王推荐。正赶上公叔痤抱恙在身，魏惠王亲自去探望他。

魏惠王担忧地问道："倘若国相的病不能痊愈，社稷该怎么办呢？"公叔痤回答说："臣的中庶子公孙鞅，虽年轻却有奇才，希望大王能把国政全部交给他，向他询问治理的方法。"

---

① 其他诸侯国的人管商鞅叫作"卫鞅（出身于卫国的鞅）"，秦国人管他叫"公孙鞅"。后来商鞅被封在商地，也被称为"商君"，本文将采用最通用的称呼"商鞅"。关于商鞅的记载，《史记·商君列传》是最为详细的，除此以外，《吕氏春秋·商君书》《韩非子》等史料中也有关于商鞅的零星记载。本文以《史记》为基础进行叙述，如有需要，会标注其他史籍的出处。

魏惠王听后哑然失色，默默无言。过了一会儿，当魏惠王要离开时，公叔痤屏退左右随侍人员，向魏惠王谏言："大王假如不任用公孙鞅，就一定要杀掉他，不要让他走出国境。"

魏王认为公叔痤是在说一些荒诞不经之言，便心不在焉地答应了他，然后离去了。魏惠王离去以后，公叔痤召来公孙鞅，向他道歉说："刚才大王询问能够出任国相的人，我推荐了你，但看大王的神情不会同意我的建议。我当先忠于君，后考虑臣的立场，因而劝大王假如不任用你，就该杀掉你，大王答应了我的请求。你赶快离开吧，不然马上就要被擒了。"可是公孙鞅却不假思索地回答说："大王既然不肯听国相的话任用我，又怎么能听国相的话来杀我呢？"商鞅最终没有离开魏国。

魏惠王离开公叔痤的住处后，对随侍人员发牢骚说："公叔痤的病很严重，真叫人伤心啊，他居然要我把国政全部交给公孙鞅掌管，岂不是糊涂了吗？"魏惠王肯定觉得，商鞅年纪既轻，又不过是公叔痤的管家，如何能够肩负国家的重托呢？公叔痤死后，商鞅办完了他的葬礼，便离开魏国到西方的秦国去了。

他为何会选择秦国呢？因为秦国当时正在蓬勃发展，秦献公刚薨，秦孝公刚刚即位。秦献公时改革了秦国的风俗，废除了殉葬制度，并且迁都栎阳，大大壮大了秦国在西河的气势。秦孝公比他的父亲更有作为，他当时只有二十一岁，从改革家的立场上来看，肯定会觉得秦孝公很值得期待。想当初，吴起虽受到了魏文侯的信赖，但魏文侯当时已垂垂老矣。

秦孝公刚登基，就发布了这样的布告："当年我国国君秦穆公，立足岐山、雍地，修明德政，建立武功，向东平定了晋国之乱，以黄河为国界；向西称霸于戎狄等族，占地广达千里。被周王赐予方伯重任，各诸侯国都来祝贺，为后世开辟的基业十分光彩雄伟。只是后来厉公、躁公、简公、出子造成国内动乱不息，才无力顾及外事。魏、赵、韩三国夺去了先王开拓的河西领土，诸侯蔑视我国，这是无比的耻辱。但是到献公即位时，平定安抚边境，把都城迁到了栎阳，准备向东征讨，收复穆公时的旧地，重修穆公时的政策法令。寡人想到先辈的未竟之志，常常痛心疾首。现在宾客群臣中谁能献上奇计让我国强盛，寡人则封他为高官，给他封地。"

秦孝公发布求贤令以后，便发动军队，包围了陕城，杀死了戎族的獂王。

商鞅必定通过布告感受到了秦孝公的魅力，自己所学不正是强国之术吗？商鞅到了秦国之后，得知秦孝公宠爱景监（宦官头目），便通过他求见孝公。

秦孝公第一次召见商鞅，商鞅便和他说了很长时间的国家大事，但秦孝公却精力一点都不集中，一边听一边打瞌睡。事后，秦孝公迁怒景监说："你的客人是大言欺人的家伙，这种人怎么能任用呢！"景监又用秦孝公的话责备商鞅，可是商鞅泰然自若地说："我用帝道劝说大王，看来大王不甚明了。"

过了几天，商鞅又求景监让他拜见秦孝公。这次的情况比上次好一些，但依旧不合秦孝公的心意。景监再次责备商鞅，谁知商鞅回答说："我用王道劝说大王而大王仍然听不进去，请求你再让他召见我一次吧。"

于是秦孝公第三次召见了商鞅，这次秦孝公对他很满意，可是并没采纳他的意见。商鞅退下后，秦孝公对景监说："你的客人不错，我可以和他谈谈了。"景监告诉商鞅，商鞅说："我用霸道去说服大王，看大王的心思，是准备采纳了。如果再召见我一次，我就知道该说些什么了。"

于是商鞅又拜见了秦孝公，秦孝公跟他谈得非常投机，不知不觉地在垫席上向前移动膝盖，谈了好几天都不觉得厌倦。景监说："您凭什么迎合了大王的心意呢？我们国君高兴极了。"商鞅回答说："我劝大王采用帝王治国的办法，建立夏、商、周那样的盛世，可大王说：'时间太长了，寡人不能等，何况贤明的国君，谁不希望自己在位的时候名扬天下，怎么能叫我闷闷不乐地等上几十年、几百年才成就帝王大业呢？'所以，我用富国强兵的办法劝说大王，大王才特别高兴。然而，这样也就不能与殷、周的德行相媲美了。"

当然，商鞅并没有把什么帝道、王道放在心上，他甚至不关心霸王之道。他之所以要拖延这么长的时间，目的就在于了解君主的真实想法。说得好听点，就是要与君主同心同德，说得难听点，就是要迎合君主的想法。《韩非子·说难》有云："夫龙之为虫也，柔可狎而骑也；然其喉下有逆鳞径尺，若人有婴之者，则必杀人。人主亦有逆鳞，说者能无婴人主之逆鳞，则几矣！"（龙作为一种动物，驯服时可以戏弄着骑它；但它喉下有一尺来长的逆鳞，假使有人动它的话，就一定会受到伤害。君主也有逆鳞，进言者如能不触动君主的逆鳞，就差不多了。）商鞅为了不触及君主的逆鳞，才故意放慢了速度。因为就算君王再怎么喜欢法家，如果说客一上来就用法家的理论来游说他，他也有可能会疑心对方是在贬低自己的人格。君主就像拥有逆鳞的龙一样，十分善变。

总之，秦孝公非常欣赏商鞅。商鞅从吴起与李悝身上学习了兵法、财政学及法律，在公叔痤的手下学到了宫廷政治的原理，在秦孝公看来，博学多才的商鞅大概是一个奇特的存在吧。就这样，秦国的变法改革便徐徐拉开了帷幕。

2. 改变战国版图

变法还是守旧

在探讨商鞅变法的具体内容之前，我们先来了解一下变法之前朝廷上的舆论氛围。^①商鞅变法的意志很坚定，但大臣们的反抗也气势汹汹。后文我们也将看到，反对者的言论不过是搜集了既有的陈词滥调，而商鞅辩论的主旨则清楚明了，拥有举座皆惊的力量。

秦孝公首先说："接替先君的位置做了国君以后不能忘记社稷，这是国君应当奉行的原则。实施变法务必显示出国君的权威，这是做臣子的行动原则。现在寡人想要通过变更法度来治理国家（今吾欲变法以治），改变礼制以教化百姓（更礼以教百姓），却又害怕天下的人非议寡人。"

于是商鞅站出来强调变法的重要性。他说："臣听说，行动迟疑一定不会有什么成就，办事犹豫不决就不会有功效。国君应当尽快下定变法的决心，不要顾虑天下人怎么议论。何况举止超出普通人的高明人士，本来就会被世俗社会所非议，拥有独一无二的见识与思考的人也一定会遭到平常人的嘲笑。俗语说，'愚笨的人在事情办成之后还不明白，有智慧的人对那些还没有显露萌芽的事情都能提前预知。'百姓，不可以同他们讨论开始革新，却能够同他们一起欢庆事业的成功。晋国郭偃（晋文公的宠臣狐偃）在法书上说，'讲究崇高道德的人不去附和那些世俗的偏见，成就大事业的人不去同民众商量。'法度，是用来爱护百姓的。（法者所以爱民也。）礼制，是为了方便办事的。（礼者，所以便事也。）所以，圣明的人治理国家，如果能够使国家富强，就不必去沿用旧有的法度。如果能够使百姓得到益处，就不必去遵循旧的礼制。"秦孝公很赞成商鞅的说法。他说："很好！"

但甘龙却认为沿袭旧的方式很方便。他说："不对，臣也听说过这样一句话，'圣明的人不去改变百姓的旧习俗来施行教化，有智慧的人不改变旧有的法度来治理国家。'顺应百姓旧有的习俗来实施

① 这一部分是《商君书》中的内容，它比《史记·商君列传》更为具体。两种文献所载的故事脉络大概相同，但《商君书》的内容更加详细、更加真实，笔者在此以《商君书》为基础讲述这段故事。

教化的，不用费什么辛苦就能成就功业；根据旧有的法度来治理国家的，官吏熟悉礼法，百姓也安乐。现在如果改变法度，不遵循我国旧有的法制，要更改礼制教化百姓，臣担心天下人要非议国君了，希望国君认真考虑这件事。"

商鞅认为每个时代都有适合自己的方式，智慧的人应该懂得创造新的方式。他说："先生所说的这些话，正是社会上俗人说的话。平庸的人固守旧的习俗，读死书的人局限在他们听说过的事情上。这两种人，只能用来安置在官位上守法，却不能同他们在旧有法度之外讨论变革法制的事情。夏、商、周这三个朝代，礼制不相同，却都能称王于天下；春秋五霸各自的法制不同，却能先后称霸诸侯。因此有智慧的人能创制法度，而愚蠢的人只能受法度的约束。贤能的人变革礼制，而没有才能的人只能受礼制的束缚。受旧的礼制制约的人，不能够同他商讨国家大事。被旧法限制的人，不能同他讨论变法。请国君不要迟疑不定了。"

杜挚则很怀疑变法的效果，再次反驳商鞅说："臣听说过这样的话，'如果没有百倍的利益就不要改变法度，如果没有十倍的功效就不要更换工具。'臣听说效法古代法制没有什么过错，遵循旧的礼制也不会有偏差，请国君仔细思考这件事。"

对此，商鞅回应说古法并不适合今天的情况，只要根据今天的情况新制定法律就可以了。他说："以前的朝代政教各不相同，应该去效法哪个朝代的古法呢？古代帝王的法度不相互因袭，又有什么礼制可以遵循呢？伏羲、神农教化不施行诛杀，黄帝、尧、舜虽然实行诛杀但（人们）却不恼怒，等到了周文王和周武王的时代，他们各自顺应时势而建立法度，又根据国家的具体情况制定礼制，礼制和法度都要根据时势来制定，法制、命令都要顺应当时的社会事宜，兵器、铠甲、器具、装备的制造都要方便使用。所以臣说治理国家不一定只用一种方式，只要对国家有利就不一定非要效法古代。商汤、周武王称王于天下，并不是因为他们遵循古代法度才兴旺，殷朝和夏朝的灭亡，也不是因为他们更改旧的礼制才覆亡的。既然如此，违反旧法度的人，不一定就应当遭责难；遵循旧礼制的人，不一定值得肯定。国君对变法的事就不要迟疑了。"

秦孝公听了商鞅的辩论以后，更加坚定了变法的决心，实际上两个人早就已经心意相通了。秦孝公说："先生说得对。寡人听说从偏僻小巷走出来的人爱少见多怪，学识浅陋的人多喜欢诡辩，愚昧的人所讥笑的事，正是聪明人所感到悲哀的事。狂妄的人高兴的事，正是有才能的人所担忧的。那些拘泥于世俗偏见的议论言词，寡人不再因它们而疑惑了。"

商鞅表示，自己会制定出适应新时代的法律，那些愚蠢的人只要跟在他身后看一看最终的结果就行了。当然，如果变法没有结果，他也免不了要受处罚。但是，有哪位君主能够不去侧耳倾听这样强势的主张呢？秦孝公任命商鞅为左庶长，锐意推进改革。于是，这场改变战国时代版图的变法就正式开始了。

行必果

"商鞅变法"的具体内容有哪些呢？通过《史记·商君列传》《韩非子·和氏》《商君书》①等史书的记载，我们可以大致地了解其内容。首先，让我们围绕《史记·商君列传》来一一研究商鞅变法的内容与过程。商鞅变法的底色带有结果主义的色彩，强调用结果说话。

令民为什伍，而相牧司连坐。

把百姓编成一伍的政策，管仲已尝试过，后来郑国的子产也曾实施过这种政策，其在三晋地区一度颇为兴盛。但连坐制的确是商

---

① 《商君书》虽不是商鞅的著作，但却详细地记载了秦国法律的实况。秦国以商鞅变法为基础，整顿了法令，甚至连汉朝的官吏都很了解秦国的法律。

鞅的作品，在战争中也同样适用，也就是说，如果一个士兵在战场上后退，那么同属于一伍的人就要一起受到处罚。《墨子》在防御城池时也强调连坐制，大概由于当时墨家集团曾经在秦国活动频繁，因而受到了商鞅的影响。当然，这五家、十家为单位被编成"什伍"的人们，既不可以随意离开固定的区域，也不能搬家。《商君书》甚至认为应该"废逆旅，则奸伪、躁心、私交、疑农之民不行（废除旅馆，那么奸邪伪诈、不安心本职、私下交游、对从事农业生产迟疑不定的人就不会外出四处周游）。"当然，进入旅馆的时间也都已固定，没有身份证明也无法进入旅馆。

> 不告奸者腰斩，告奸者与斩敌首同赏，匿奸者与降敌同罚。

上文所引的内容表明，商鞅认为，要阻止犯罪，就应当对犯罪者处以极刑。后来《韩非子》等法家著作中也明显地体现出了法家极刑主义的特点。他们认为，犯小罪给予大惩罚，犯罪就会减少，反而有利于百姓。《商君书》认为，"重刑，连其罪，则民不敢试（加重刑罚，株连他们的父、母、妻子，那么民众就不敢以身试法）"。

> 民有二男以上不分异者，倍其赋。

这是一种增加人口与户数的政策。在东方诸国，结婚以后就要与父母分居已是一种普遍的行为。一般来说，游牧民族经常会有一家中生活着多名男子的倾向。也就是说，商鞅在试图消除秦国中遗留的西方、北方民族的影响。《商君书》认为，"食口众者，败农者也；则以其食口之数，赋而重使之（食客数量众多，这是有损农业生产的，那就要根据他们豢养的食客人数收税，并且从重役使他们）"。其目的也在于增加户数，培养农民。

有军功者，各以率受上爵；为私斗者，各以轻重被刑
大小。

上面这段文字正是商鞅变法的核心，即按照军功授予爵位。《商
君书》主张，百姓如果不事农耕、不参加战争，就无法获得官爵。
而且禁止百姓之间因私斗殴也是法家的特点，这意味着国家要制约
百姓的私人生活。商鞅认为，如果百姓私下解决彼此的问题，国家
的权威就会崩溃。这与今天大部分法治国家反对私设公堂同理。

宗室非有军功论，不得为属籍。

上面的引文依然在强调按照军功授予爵位，但这次改革的目标
则是宗室。《商君书》中还有"均出余子之使令（等同地发布有关卿
大夫、贵族嫡长子以外弟子担负徭役赋税的法令）"。这意味着军功
以外无特权。

僇力本业，耕织致粟帛多者复其身。事末利及怠而贫者，
举以为收孥。

上面的引文是奖励农业生产的政策，重农主义也是商鞅变法的
特点之一。关于商鞅的田制改革，我们在前文已经提及。《商君书》
甚至主张应禁止商人购买粮食，禁止农民销售粮食。可以说，商鞅
大大地加强了李悝在魏国所实行的平籴法。《商君书》更进一步强调
"重关市之赋，则农恶商，商有疑惰之心（加重关口、集市上商品的
税收，那么农民就会讨厌经商，商人就会对经商产生怀疑甚至懒得
干的思想）"。这是一种极端的重农政策，与《管子》《孟子》减少关
口与市场赋税，促进物资流通的思想形成了鲜明的对比。

除此以外，《商君书》中还有许多不见于其他书籍的内容，例

商鞅变法时的量器"升"的正面与背面　商鞅推出农业生产奖励政策，意图以此为基础改造秦国。为了加强君主集权、削弱贵族的权力，并通过强硬的法律确保对百姓的统治权，他统一了度量衡，强化了极端的重农政策。

如"訾粟而税（根据产量收取赋税）"，"壹山泽，则恶农慢惰倍欲之民无所于食（国家统一管理山林、湖泽，那么讨厌务农、怠慢懒惰、非常贪婪的人就没有吃饭的地方）"，甚至还有"贵酒肉之价"以使"民不能喜酣奭（抬高酒肉等奢侈品的价钱，农民也就不能纵情饮酒作乐）"。《韩非子》中甚至有"燔诗书而明法令（焚烧诗书，彰明法令）"的记载，真伪虽不得而知，但《商君书》中的确也有相同的内容。笔者推测，这种极端的举动有可能也是存在的。

其中偶尔还会有一些非常极端的见解，这些主张大概没有得到实行。例如"国强而不战，毒输于内（国强而不去战争，毒素就灌输于国内）"，就主张应该积极地发动战争。但"民之见战也，如饿狼之见肉，则民用矣（民众看见打仗，就像饥饿的狼看见了肉一样，那么民众就可以被征用了）"的主张是符合当时实情的。因为只要秦国不断在战争中取胜，普通的百姓就可以通过战争获利。

仅凭这些流传下来的资料，我们也可以知道，商鞅变法所涉及的范围是非常广泛的，其核心就在于加强君主集权，限制贵族的权力，并通过强大的法律确保国家对百姓的统治权。商鞅指出，百姓只有通过农业与战争才能提升自己的地位，才会变富裕，这种政策可以同时提高秦国的生产力与战斗力。商鞅变法带有纯粹的目的至上，或者说结果至上的色彩。那么这种全面的改革究竟能否获得成功呢？

法不容情

商鞅首先模仿了吴起的做法，新法准备就绪后，他便命人在国都的南门竖起一根三丈长的木头，并把百姓聚起来发布命令说："能把木头搬到北门的人赏十金。"就像吴起当时在魏国一样，百姓没有人相信，也没有人出面搬运木头。于是商鞅便提高了悬赏金额。他宣布："能把木头搬到北门的人赏五十金。"

于是有一个人便抱着试试看的心态把它搬走了，结果商鞅当下就给了他五十金。事后就颁布了新法，这件事情发生在公元前360年左右。

新法在民间实行了一整年以后，很多百姓前往国都控诉新法不方便。正当这时，太子触犯了新法。商鞅便严肃地说："新法不能顺利推行，是因为上层人触犯它。（法之不行，自上犯之。）"并报告秦孝公说："新法不被遵守是因为贵族、宗室不遵守新法。如果大王一定要让百姓遵守法律，就应当以太子为范。既然不能对太子施以黥刑，那么请大王下令处罚了太子傅，向太子师施以黥刑。"

秦孝公听从了商鞅的谏言，于是就在太子师公孙贾的额头上刺了字。第二天，百姓就都不敢违反新法，而是遵照新法执行了。新法推行了十年，秦国大治，路不拾遗，山无盗贼，家家富裕，不敢为私利争斗，而且为国作战勇敢。当初控诉新法不方便的百姓中又有人来说法令方便，商鞅说："这都是扰乱教化的人。"于是把他们全部迁到边疆去。此后，百姓再没人敢议论新法了。

人们遵守新法的程度如何、法律效力如何，我们都不得而知，但十年间商鞅一直身居执法官的位置，甚至将太子的师傅处刑之后依然保全了自己，这意味着他在秦国的地位是很牢固的。但商鞅规定，在秦国没有军功不能授予爵位，而且商鞅与吴起一样，也来自别的诸侯国，只有秦王的信任是不够的。为了进一步巩固自己在秦国的地位，商鞅迫切地需要军功，但他向来慎重，不喜欢冒险。

这时，魏惠王为他提供了机会。当商鞅迫不及待地寻觅机会时，魏惠王将魏国的主力军转移到了东线。公元前 352 年，商鞅被任命为大良造，趁着魏国包围邯郸、与齐国大战的机会，率领军队围攻魏国安邑，使他们屈服投降。大良造是臣子的最高爵位，拥有军权，由此可知商鞅受秦孝公重用的程度了。而且商鞅这次又越过了黄河，一举攻下了不久之前还是魏国都城的安邑，可谓功勋卓著。这距离吴起成为西河的统帅，在西河修建堡垒仅有三十年的时间。当初吴起曾指出，魏王不可过分依赖黄河一带的山川地势，如今他的预言成真了。至此，吴起在黄河以东、以西留下的痕迹基本上都被抹去了。

过了三年，秦国在咸阳建筑宫廷城阙。[①]秦国统一六国以后，咸阳继续发挥着国都的作用。商鞅将零星的乡镇村庄合并成县，总共合并划分为三十一个县，又重新划分了田埂的界线，扩大了单位耕地的面积，[②]而使赋税平衡（赋税平），[③]统一了全国的度量衡制度。商鞅孤身一人从别的诸侯国来到秦国，而能够获得这么大的权力，推行了如此彻底的改革，在历史上大概无人能出其右。

四年以后，公子虔又触犯了新法，被处以劓刑。商鞅在执行法律时，没有任何的例外。不久后，周天子把祭肉赐给秦孝公，秦国

① 《史记·商鞅列传》中记载秦孝公把国都从雍地迁到咸阳。如果真的是这样，就说明秦孝公首先将国都从栎阳迁到了雍地，然后又从雍地迁到了咸阳。
② "开阡陌封疆"请参照本书《补论》部分。
③ "赋税平"究竟是减少赋税，使百姓纳税平等的意思，还是说用其他的方式公平收税的意思，我们并不能明确。不过商鞅肯定是制定了一种固定的税收标准。

名副其实地成了诸侯之首。

3. 把魏国赶到东方

　　商鞅没有参加一些小战争，却擅长捕捉一些确定无疑大获全胜的机会。他曾趁桂陵之战的机会攻打了安邑，这次他又打算利用马陵之战。当初魏国把商鞅放走，让他到秦国去，实在是一件可悲可叹的事情。魏军在马陵大败，庞涓甚至太子申都被杀死，这时商鞅又出面劝告秦孝公，向秦孝公表明了他雄伟的构想。实际上这原本是吴起的构想，只不过梦想的主体从魏国变成了秦国罢了。

　　商鞅说："秦和魏对彼此来说，就像人有腹心的疾病，非除去不可，不是魏国兼并了我国，就是我国吞并了魏国。为什么这样说呢？魏国地处山岭险要的西部，建都安邑（实际上此时魏国已从安邑迁都大梁了），与我国以黄河为界而独据崤山以东的地利。形势有利就向西进犯我国，不利时就向东扩展领地。如今凭借大王圣明贤能，我国才繁荣昌盛。而魏国往年被齐国大败，诸侯们都背叛了他，我们可以趁此良机攻打魏国。魏国抵挡不住我国，必然要向东撤退。只要魏国向东撤退，我国就占据了黄河和崤山险固的地势，向东就可以控制各国诸侯，这可是统一天下的帝王伟业啊！（秦据河山之固，东乡以制诸侯，此帝王之业也！）"

　　我们还记得吴起在离开西河时曾经流泪感叹："我凭着西河就可以灭掉秦国，帮助君主成就王业。"如今商鞅不仅完全占领了西河的土地，甚至还要在河东建立据点。对于如此妙计，秦孝公没有理由拒绝。于是商鞅就率领军队向东攻打魏国。当这样一位杀气腾腾的敌人伺机攻打魏国时，辅佐魏惠王的恰好是惠施这样的轻浮之人，魏国在东方依然无所适从，如何能够匹敌商鞅他们呢？

　　魏国派公子卬领兵迎击商鞅。当两军相拒对峙时，商鞅想出了一条妙计。商鞅在魏国时曾与公子卬关系很好，便利用这份亲厚，派人给公子卬送去一封信。[①]

信中写道："我当初出游并希望显贵，都是公子的缘故。现在敝国让我领兵，贵国让公子同我相拒，我们怎么忍心相互交战呢？请公子向贵国君主报告，我也向敝国君主报告，让双方都罢兵。"

公子卬想起旧日的情分，便接受了商鞅的提议。待双方都准备回师的时候，商鞅又派人对公子卬说："回去以后恐怕再也无相见之日，希望与公子聚一聚再离别。"

公子卬听到商鞅派人传来的话以后，不顾下属的反对，真的与商鞅相聚喝酒叙旧。可商鞅是一个为达目的不择手段的人，他已经在帐篷后埋下了伏兵，两人正喝酒时，这些士兵突然袭击并俘虏了公子卬，并趁机攻打了魏军，魏军大败。商鞅在从政时虽属于法家，但在带兵时却比孙膑更加诡诈。

《商君书》中说"事兴敌所羞为，利（军队能做敌人所不敢做的事，就有利）"，不正是指这次商鞅的举动吗？虽然他采用的方法很卑鄙，但胜利终归是胜利。

在东西两面都遭遇大败的魏惠王，无可奈何之下割让了西河地区给秦国，作为媾和的条件。西河既然已不属于魏国，安邑也就守不住了，魏国只好迁都大梁。如今，吴起为魏国所设计的图谋天下的计划早已破碎，魏国甚至沦为了弱国，生死存亡都很成问题。这次失败以后，魏惠王叹息说："我真后悔当初没采纳公叔痤的意见啊！"

商鞅因此战获得了於、商的十五个邑，被称为商君，一时踌躇满志、飞黄腾达，可谓春风得意马蹄疾。

---

① 这一部分用《吕氏春秋·无义》中的对话做了补充。

4. 被诬谋反

　　《周易》有云："亢龙有悔"，意为居高位的人要戒骄，否则会为失败而后悔。如今的商鞅可谓炙手可热，而且商鞅坚信秦孝公正当壮年，身体不会有什么问题。但他还是很担心秦孝公有一天会忽然撒手而去，也担心有一天政敌会群起而攻之。据《韩非子·南面》记载，"说在商君之内外而铁殳，重盾而豫戒也（商鞅在朝内或外出时都要有铁殳和层层盾牌预先戒备）"，这大概是商鞅对前辈吴起的遭遇记忆犹新的缘故。我们继续跟随《史记》来了解这位改革家的命运。

　　秦国有很多人都怨恨商鞅，尤其是皇亲国戚当中憎恶他的人就更多了，但不只是他们如此。据《资治通鉴》的记载，商鞅曾经在渭水边执法，由于处死的人太多，导致渭水都被染红了。但是，他并非不怕别人的报复。

　　在商鞅掌管秦国的政治有十余年的时候，见到了一位叫作赵良的人，从赵良接下来的言辞来看，他应当是一位儒学者。商鞅一向回避私人请求与交往，尤其轻蔑儒学者，但不知为何，这次竟主动伸出了友谊之手。

　　商鞅说："我能见到先生，是由于孟兰皋的介绍。现在我想和先生交个朋友，可以吗？"赵良回答说："鄙人不敢奢望。孔丘[①]说过，'推荐贤能，受到人们拥戴的人才会前来；聚集不肖之徒，即使是能成王业的人也会引退。（推贤而戴者进，聚不肖而王者退。）'鄙人不才，所以不敢从命。鄙人听到过这样的说法，'不该占有的职位而占有它叫作贪位；不该享有的名声而享有它叫作贪名。'鄙人要是接受了国相的情谊，恐怕那就是鄙人既贪位又贪名了，所以不敢从命。"

---

① 在彻底的法学家商鞅面前，赵良没敢称呼"孔子"，而是直呼孔子的姓名。

商鞅问道："先生不喜欢我对秦国的治理吗？"

赵良说："能够听从别人的意见叫作聪，能够自我省察叫作明，能够自我克制叫作强。虞舜曾说过，'自我谦卑是尊贵的。'国相不如遵循虞舜这种谦卑的道理，无须问敝人了。"

商鞅便向他炫耀自己的功绩："当初，我国的习俗和戎狄一样，父子没有上下之别，同室相混居住。如今我改变了我国的教化，使他们男女有别，分居而住，并建筑门阙，像鲁国、卫国的一样。先生看我治理国家，与五羖大夫（百里奚）比，谁更有才干？"

商鞅不动声色地提到了儒学的教诲与周文化幸存的鲁国、卫国，以引导赵良的回答。赵良却表明了自己儒学者的立场。他说："一千张羊皮不如一领狐腋贵重，一千个随声附和的人不如一个正义直言的人。周武王允许大臣们直言谏诤，国家就昌盛；商纣王的大臣不敢讲话，因而灭亡。国相如果不认为武王是错的，那么请允许敝人整天直言而不受责备，可以吗？"

商鞅是一个多么可怕的人啊，但赵良依然我行我素地用儒家的观点奉劝商鞅，商鞅也似有所感。

他说："俗话说，巧美的话好比花朵，真实至诚的话如同果实，苦涩的批评好比药石，献媚的恭维如同疾病。先生果真肯终日正义直言，那就是治我病的良药了。我想请先生帮忙，先生又何必拒绝呢。"

于是赵良接下来就开始了他的长篇大论，让人听之有毛骨悚然之感。[1]赵良说："那五羖大夫，是楚国的乡野人。他听说秦穆公贤明，就把自己卖给秦国人做奴隶，给人家喂牛干活。一年后，秦穆公了解了他的贤明，便提拔了他，让他凌驾于万人之上，秦国人没有谁敢埋怨的。他出任秦相六七年，东伐郑国，三次拥立晋国的国

---

① 赵良的回答也引自《史记·商君列传》，但篇幅太长，笔者从中进行了一些说明，尽量压缩。

君，一次出兵挽救了楚国北侵的祸患。在境内施行德化，巴国前来纳贡，施德政于诸侯，四方少数民族前来朝见。

"五羖大夫出任秦相，劳顿时不坐车，酷暑炎热不张伞，走遍国中，没有跟随的车辆，不带武装防卫，他的功名载于史册，藏于府库。五羖大夫死时，秦国男女痛哭流涕，连小孩子也不唱歌谣，这就是五羖大夫的德行啊。

"如今国相得以见秦王，靠的是秦王宠臣景监的引荐，这并不光彩；身为秦国国相，不为百姓造福而大筑门阙，这不算有功；对太子的老师处以刺额的刑罚，用严刑酷法残害百姓，这实在是积怨聚祸。

"如今国相的命令比君王的命令更重，百姓害怕国相胜过君王。国相又南面称君，天天用新法来逼迫国内的贵族子弟。《诗经》有云，'相鼠有体，人而无礼！人而无礼，胡不遄死？（相鼠还有肢体，人反而没有礼仪；人既然失去了礼仪，为什么不快快地死呢？）'公子虔被割去鼻子，闭门不出已经八年了，国相又杀死祝欢而用墨刑惩处公孙贾。《诗经》上说，'得人者兴，失人者崩。（得到人心的振兴，失掉人心的灭亡。）'您做的这几件事并不得人心呀。国相一出门，后边跟着数以十计的车辆，车上都是顶盔贯甲的卫士，持矛操戟的人紧靠国相的车子奔随。国相的处境就好像早晨的露水一样危险，很快就会消亡，国相还打算要延年益寿吗？"

这些话说得让人有些打冷战，赵良最后又劝商鞅说："何不归还於、商十五邑封地，到乡野耕田务农。"

赵良劝告商鞅，如果贪图封地与权力，有可能朝夕之间会像露珠一样消失。但商鞅最终也没有听从他的劝告。难道因为商鞅已经无路可退了吗？五个月之后，秦孝公去世，太子即位，他就是秦惠文王。公子虔等一班人仿佛都在等待他登基的这一天，他们诬陷商鞅要造反，而秦惠文王也不可能忘记旧日的耻辱，商鞅只能向东逃跑。

商鞅逃到函谷关口，想住旅店，旅店的主人不知道他就是商鞅，回答说："商君有令，住店的人没有证件，店主要连带判罪。"商鞅长长地叹息说："哎呀，我制定新法的贻害竟然到了这样的地步！"

这段故事隐秘又富有戏剧性，不值得相信，但下面的故事则是极有可能发生过的。商鞅不能停留在秦国，便打算带领家人与母亲离开秦国回魏国去，但魏国大臣襄疵（大概是守城的首领）却不接纳他。

他说："因为您对公子卬背信弃义，我无法了解您。"[1]意思就是说商鞅无情无义，自己不能相信他。而且魏国人还以商鞅是秦国的罪臣为由，不想接受他。他们说："商君是秦国要逮捕的贼，秦国强大，而秦国的贼却进入魏国，所以不能不送还。"

于是魏国没有接受商鞅。商鞅再回到秦国后，就潜逃到他的封地商邑，率军攻打了郑国，这是他最后的挣扎，但他的力量却不够。秦国很快出兵攻打商鞅，然后杀死了他。秦惠王把商鞅五马分尸示众，他说："不要像商鞅那样谋反！"然后诛灭了他的全家，人云"兔死狗烹"。商鞅虽然让秦国强大了起来，最后却被诬陷谋反，死得不明不白。

5. 商鞅与吴起

作为一名战略家，商鞅仅次于吴起；作为一名改革家，商鞅比吴起更加彻底。商鞅比吴起更加善辩，政治方面的感觉更加敏锐，也更富有识别贤能君主的慧眼。如果吴起在秦国出仕，一定会比商鞅更早落马。吴起所未竟的事业，商鞅把它全都变成了现实。吴起花了二十年的时间治理西河，而商鞅瞬间就攻下了西河，越过了黄河。

---

[1] 这句话出自《吕氏春秋·无义》。篇名《无义》放在商鞅的身上显得意味深长。

吴起取得了许多小胜利，而商鞅却赢了两次巨大的胜利，二人的区别在于解读形势的能力。吴起试图在楚国进行改革，最终惨遭杀害；而商鞅曾左右秦国的政治，并亲眼看见国家的昌盛之后才死去了。吴起的梦想被孙膑与商鞅所粉碎，特别是起决定作用的商鞅。

　　商鞅的功绩确实比吴起更加显赫，如果没有商鞅，秦国绝不敢产生统一六国的念头。商鞅改革了秦国的财政政策、地方行政、土地制度、军事制度、宫廷建筑甚至是民间风俗。如果商鞅没有极端果断的性格，绝不敢请求下令处罚太子的师傅。如果他没有将魏国驱赶到东方，日后秦军也不能随意到山东去。

　　即便如此，笔者对吴起的评价仍然高于商鞅，其原因就在于二者之间存在着源流与支流的差别。商鞅汲取了吴起的所有优点，从根本到细枝末节几乎无一遗漏。商鞅变法的部分内容已经在东方经过了检验。但吴起原本是儒者，因此他的改革仅限于上层结构，没能对基层百姓产生影响，影响范围限于他所统领的军队，而且吴起在楚国的时间太短暂了。但商鞅彻底排斥了儒学，因此他可以残酷地统治百姓，没有丝毫的愧疚之心。有一点可以明确的是，商鞅的法律很明显是来自吴起与李悝。只不过商鞅做出了一个恰当的抉择，他认识到，要成就功业，与其留在山东，跟随愚蠢的魏惠王，不如相信秦孝公，到关中去图谋大事。

　　笔者之所以对吴起的评价更高，是因为作为一名战略家，吴起的方法可攻可守，而商鞅的方法仅在攻击时有效。吴起的战略是用团结的军队攻打敌军，然后用政治巩固成果。在我强敌弱时进取，在敌强我弱时退守，并确保我军不会瓦解。而商鞅的方法在守备方面很弱，幸运的是秦国自孝公以来一直屡战屡胜。当作战不断取胜时，就可以不停地赏赐爵位；当仍有土地可分配时，士兵作战就会很勇猛。但当秦国停止膨胀时，结果会怎样呢？如果不能赏赐给士兵土地与爵位，靠什么来发动军队呢？依赖于赏赐、爵位和处罚的军队在防守时往往发挥不了什么作用,荀子就曾经痛批过这一点。

秦国之所以会频繁取胜，不能完全归功于商鞅变法。秦国占据得天独厚的要塞关中，作战时没有后顾之忧。当秦国力量弱小时，便可以蜷缩于关中，而其他国家四面都是敌人，因此秦国的作战条件比其他国家优越得多。秦国的强大虽说得益于商鞅变法，但也得益于其弱小的对手，也就是罕见的昏君魏惠王。魏惠王统治的时间很长，在这种情况下魏国依然能够苟延残喘，不能不说有赖诸位先王所打下的基业。

笔者高度评价吴起的最后一个原因在于商鞅与吴起的政治生涯有着质的区别。吴起虽曾漂泊于列国，但并没有到敌国去，将矛头对准曾经侍奉的国家。他曾作为鲁国的将军与齐国作战，后来他离开鲁国并没有到齐国去，而是选择了遥远的魏国；在魏国遭人诬陷之后，并没有去敌国秦国，而是去了楚国。当时秦国正倾尽全力网罗人才，对著名的流亡人士是非常友好的。智氏灭亡以后，他的家族基本上都到秦国去了，并在秦国站稳了脚跟。同理，如果那时吴起到秦国去，必定会受到热烈欢迎，但是他并没有那么做。相反，商鞅头一天还在魏国生活，第二天到了敌国秦国以后，就对曾经培育过自己的魏国展开了猛烈的攻势，对自己的第二祖国穷追猛打。

吴起虽性情刚强，却充满人情味，他在战场上都会与士兵同甘共苦，而商鞅平日都要仰仗护卫。吴起虽会出言不逊，但并不会欺上瞒下。而商鞅在战场上却欺骗了曾经的上司公子卬，为了讨君主的欢心，还在君主面前演戏，说一些言不由衷的话。

吴起被人诬陷后，便将子女留在魏国，自己则悄悄地离开了，他的子嗣因受父亲的庇佑而获得俸禄。而商鞅被逼入绝境以后，就带着家人来到曾经背叛过的魏国，最后为了卑微地求生，与秦国对抗，而去攻打无辜的郑国，最终导致全家人都被杀害。

韩非子在《五蠹》中强调法家不应做出一些自相矛盾的举动，如果想在战争中取胜，就不能奖赏无益的行动，不能尊崇那些靠农民的劳动成果生活，却整天高谈阔论的人。但从私人的举止来看，商鞅的行为可谓矛盾之极。他主张打压宗室贵戚，提高君主的地位，可他自己却至死都执着于商、於的十五座城邑，而且行动时总有无数的护卫跟随；对于犯了小错的人，他也要处以极刑，以至于渭水都被染红，还不允许人们议论新法，流放了议论之人，等自己犯法时，他却不等处罚就逃走；他命人烧毁《诗》《书》，但当他害怕被政敌杀死时，又向儒学者咨询意见。

由此可见，虽然商鞅取得的成就更高，但人格上却与吴起大相径庭。因此，代表秦国利益的《吕氏春秋》当然也会指责商鞅是"无义"之人。司马迁对商鞅的评价是："商君，其天资刻薄人也。迹其欲干孝公以帝王术，挟持浮说，非其质矣。（商君，他的天性就是个残忍少恩的人，考察他当初用帝王之道游说孝公，凭借着虚饰浮说，并不是他自身的资质。）"

但说他"谋反"的确是冤枉了他，因为秦国虽处死了商鞅，却依然卑鄙地、原封不动地采用商鞅的法律。这样看来，商鞅只不过是一名被秦国王室利用的流亡人士，如果他生前能多重视一些儒学之道，也许就不至于遭受这样的诬陷了。

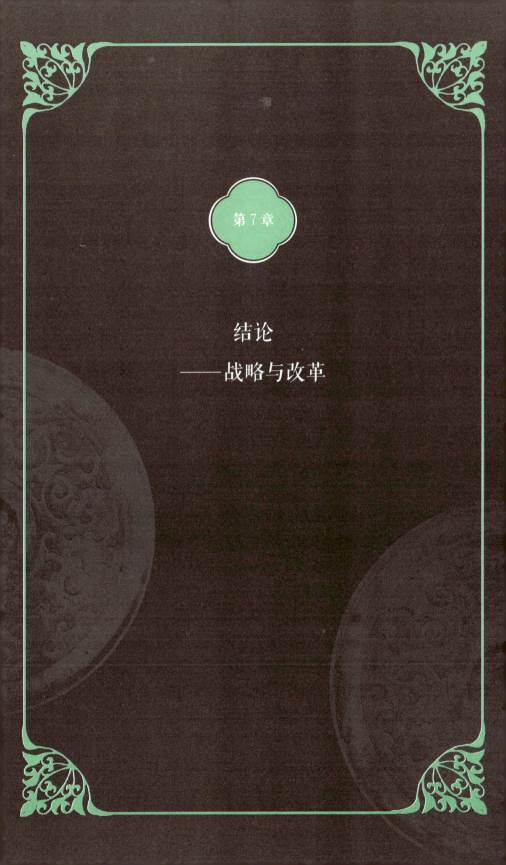

第 7 章

结论
——战略与改革

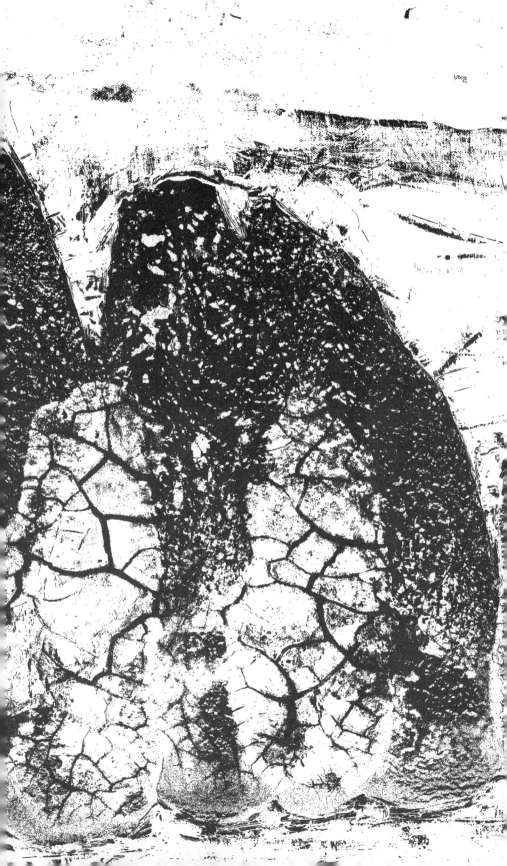

本书在前文特别详细地探讨了战略与战术的区别。那么，战略与战术究竟是有着质的不同呢，还是说一个个战术联合在一起就构成战略了呢？

　　本书中笔者一直在强调必须明确区分战略与战术，因为国家这种组织太庞大，不能成为战术的实验对象。在经营国家时，一定要遵从那些已经被检验过的战略，即便是在危急时刻，也不能根据战术修改战略。懂得正确处理战略与战术关系的人，我们称为君主或统帅。

1. 战略与战术，战略家与战术家

战略原本是现实主义者（Realist）的用语，尤其是战国时代的战略，基本是现实主义者的专属。本书的主人公魏文侯、吴起、李悝、孙膑、商鞅都是现实主义者，魏武侯、魏惠王虽是失败者，但也是彻头彻尾的现实主义者。现实主义者们会坦然接受他们所面临的天下政治的既定现实。

战国时代的现实就是弱肉强食。现实主义者认为，冲破危机的唯一主体就是国家，因此他们也是国家主义者。从这一点来说，与战国时代的现实主义者最相像的近代人物就是普鲁士的"铁血宰相"俾斯麦（O. E. L. Bismarck），他动用各种手段实现了德国的统一，壮大了德国的力量。俾斯麦的改革与商鞅变法极其类似，而且俾斯麦的性格、品性也与商鞅类似。

现实世界里，所有国家都希望能继续生存下去，因此，现实主义者的最高目标也是国家的生存。为了能更好地理解战国时代列国的外交与军事行动，我们有必要将现实主义的国家战略划分为两个阶段。

首先，为了继续生存下去，国家至少要维持目前的状态。"维持目前的状态"指的就是维持权力平衡（Balance of Power，BOP），但维持权力平衡所耗费的费用庞大，原因是需要考虑的变数太多了。假设战国时代只有七个国家相互角逐，他们之间也可以结成数十种同盟关系。

于是，为了摆脱这种恒常性的不稳定，有的国家便舍弃了平衡状态（BOP），转而追逐内部化（Internalizing）。所谓的内部化就是指不接受外部所赋予的变数，并致力于清除这些变数，或将变数置于控制范围内。对于有些国家来说，这些变数就是指其他国家，因此所谓的内部化，就是将其他国家变成自己的属国，用积极一点的表达方式来说，就是指"合并"。这就是弱肉强食的战国时代所成长起来的帝国意识形态。

变数越多，意味着竞争者越多，而且他们各怀鬼胎，在这种情况下，要实现内部化，必须要经历一定的阶段。一般来说，我们将经历这种阶段而实现目标的人称为战略家。魏文侯、吴起、李悝、商鞅等之所以被称为战略家，正是这种原因。实践战略时，在从次要阶段向主要阶段过渡的过程中，所采取的各种各样的手段就是"战术"。而向下一个阶段过渡时，往往需要以胜利为前提。为取得胜利而采取各种手段的人，我们称之为"战术家"。因此战略家自然也是战术家，但是战术家有时能成为战略家，有时则不能。为什么呢？如果战术与战略所要求的阶段相冲突，或是直接越过战略所必经的阶段，那么战术的成功就不能转变成战略的成功，甚至有可能会导致战略的失败。比如孙膑，他的胜利仅仅是战术上的胜利；再比如魏惠王，他在战术上的成功反而导致了战略上的失败，这正是南辕北辙的道理。

假设战略家最终所追求的是内部化，那么他们要经历哪些阶段呢？首先，他们要将自己的国家本身内部化。吴起训练士兵时将他们视若手足，就意味着他已经将军队内部化；西门豹处死了巫婆，就意味着将农民内部化了。由此，他们将之前目标不一的军队变成了国家的军队，将各自拥有一定自律性的"野人"变成了国家的臣民。吴起削平贵族的爵位；商鞅平赋税，将列国编成秦国的郡县。由此意味着将身份与土地内部化了。

于是国家之外再没有身份，国家之外再没有制度。李悝实行平籴法、商鞅统一度量衡，就意味着将市场内部化。俾斯麦为统一德国，建立帝国，所采取的措施就包括实行单一货币、建立中央银行、统一度量衡等，这正是李悝与商鞅曾经采取的措施。

总之，无论古代还是近代，为了实现内部化，国家所采取的措施都是大同小异的。吴起提出的"均爵平禄"、商鞅提出的"以功授爵"，都属于内部化的一个环节。考虑到战略家基本上都是现实主义者和国家主义者，那么秦孝公收养孤儿、俾斯麦实行社会保障制度，都可以视为内部化战略的一环。

内部化过程结束以后，就来到下一个阶段了，即力图使本国，并仅仅使本国逃离 BOP 的状态。简单来说，这意味着既要实现本国的强大，又要阻止其他国家的发展，要做到这一点，也需要靠攻打对方来扩大本国的规模。但这也需要经过几个阶段。

首先该国要将注意力集中在一个对象身上，在扩大规模的过程中决不能分散打击目标。假设秦国要兼并魏国，那么当秦国行动时，如果其他国家都站在魏国的阵线上，作战计划便不可能成功。只有当其他国家都帮助秦国或是宣布中立时，秦国才能放心大胆地兼并魏国。商鞅曾两次趁魏国被齐国束缚住手脚时对魏国发动了攻击；而魏文侯在攻打秦国时，却有效利用了三晋联合这一传统的财富，使其他国家没有办法介入：都是成功的案例。

在近代，为了实现德意志的统一，俾斯麦事前做了许多功课。在战斗打响之前，他一定会拉拢、确保自己的同盟，并瓦解对方的同盟。例如，俾斯麦首先确保了俄国的中立，然后与奥地利联合起来攻打了丹麦，又怂恿法国中立，与意大利结成同盟攻打了奥地利。

魏惠王要么是没有这眼光，要么是被欲望迷住了双眼，他总是企图获取利益，结果却总是反受其害。因此，他成不了战略家。笔者之所以说孙膑也不是战略家，是因为他虽然打压了魏国，成功地维持了三晋的权力平衡，但却因此刺激了楚国，种下了大败的祸根，从长远的眼光来看，最终导致了秦国的壮大。在维持权力平衡的战略之中，决断的关键在于该国能否通过这一战略，实现"唯一强国"的目标，而不在于能否通过该战略削弱对方。如果仅仅为维持其他国家之间的权力平衡而介入战事，结果往往会是不仅得不到什么实际的利益，反而会四面树敌。比如拿破仑三世要尽花招，与俾斯麦在普鲁士、奥地利之战中消耗了大量时间，贻误了战机，最终使同盟国奥地利战败，遭遇了普鲁士的猛烈报复。拿破仑三世与孙膑的战略性质大体类似，只不过孙膑在把握战机方面技胜一筹罢了。

为了同时实现权力的平衡与独一无二的发展目标，一个国家必须做到知己知彼。当魏惠王攻打邯郸时，绝对不是没有想到齐国的介入。他虽然成功地攻克了邯郸，最终却不得不双手奉还，原因也在于战事太持久，而战事持久的原因在于他没有正确地预估自己与对方的战斗能力。俾斯麦在德国内部虽是一位铁血宰相，近乎独裁，但在德国以外，他却假装为反膨胀主义者。这并非表明他真的是一位和平主义者，而是因为他太了解德国的力量了。希特勒一向以俾斯麦的继承人自居，但从这个意义上来说，希特勒绝对称不上战略家。因为他过高地估计了德国的力量，无限地扩大了德国的战线。

要做到"知己知彼"并不容易，因为对方并非一成不变，而是跟我们一样，是拥有战略目标的有机体。我们要怎么才能做到无一遗漏地预测这些有机体的行动呢？有的战略家曾警告一些君主不要介入到其他国家维持权力平衡的举动中，比如孟子就曾这么做过。他曾经反问魏惠王："何必曰利？"对于这句话，我们可以解释为：

"即便大王忙着追逐利益，也不会获得什么，干脆放弃追逐，对大王才是有利的。"

笔者之所以高度评价吴起作为一名战略家的地位，是因为他看透了对方所处的战略阶段，并进一步根据彼此的战略阶段提出了相应的对策。《吴起兵法·图国》中所提出的战争发生的五种背景、军队的五种性质，以及相应的五种对策即是实证。我们尤其要注意的是吴起所提出的"对义兵要以礼法折服它""对逆兵则用权势来折服它"的思想。如果对方是"义兵"，那么从战略上来讲，我方就处于对方的下风。而如果对方是"逆兵"，我方只需要将对方逼入绝境，一战到底即可。

为了主导战局，吴起提出了"秦国的政治是错误的，我们是义兵"的主张，壮大了魏国的声势。相反，魏惠王却不停地征用疲惫不堪的人们，发动逆兵，如此一来，孙膑与商鞅便可以毫无顾忌地用权谋来对付魏国了。因为逆兵是孤立无援的，不会有任何同盟。

最后，让我们站在管理变数的立场上，简单地了解一下地理位置的重要性。笔者曾经踏访秦国最后的都城咸阳以及第一座都城雍地。只要秦国控制了西河，实际上关中就没有什么后顾之忧了。关中平原沿着渭水伸展，左右有高山阻挡，东边入口处有崤山与华山阻隔，中间只有一条羊肠小道。虽然义渠、绵诸等民族也会对秦国构成一定的威胁，但与山东六国相比实在是太微不足道了。虽然山东六国也在监视秦国的一举一动，只要秦国有任何风吹草动，他们也会制订相应的对策，但秦国趁六国混乱时，依次攻打平定了这些异民族，此后就能够专心地应对东方诸国了。战国时代，当诸国都在不择手段地争取最后的胜利时，秦国已没有了后顾之忧，意味着它只需要管理好其他国家一半的变数就可以了。秦献公来到更靠近东面的栎阳，攻打了西河，最终秦孝公将秦国的都邑迁到了咸阳，而咸阳则是关中平原最辽阔的地方，从此秦国的野心便一步步地膨胀起来了。

2. 改革与持续

　　吴起是一位改革家，商鞅也是一位改革家。从短期来看，吴起的改革失败了，而商鞅的改革则成功了。他们二人的目标都是通过"强兵"实现"强国"，但是吴起在改革时将贵族视为最主要的目标，试图从他们身上获得改革所必需的财政来源，而商鞅则同时压迫贵族与农民，并获得了改革所必需的财政来源。对于夹在君主与农民之间的阶层，他们二人的立场几乎是一致的，他们都明白只要打压了这个阶层，就可以获得强兵的财政来源。但他们对农民的态度则是不同的，吴起、李悝、西门豹等魏文侯麾下的改革家依然坚持了儒家利他主义的立场，而商鞅则完全抛弃了利他主义的立场，要求农民必须完成相应的业绩。当然，商鞅以"农战"为中心的思想基本上都是吴起所提出的，但商鞅的改革却彻底得多。

　　从常识上来讲，我们可能会认为商鞅变法失败的可能性应该比吴起变法更大。吴起变法仅限于上层社会，而商鞅则从上而下同时开展了改革，因而商鞅不仅受到了来自贵族们的指责，也受到了来自下层人们的批判。但为何商鞅的改革反而更加成功呢？这是因为商鞅超越了吴起所提出的"义战"思想，进一步提出了"以战去战"的具体议题。"以战去战"包含着重要的含义，蕴含着作战到底直至战争彻底结束的意志，以及通过战争获得作战动力的如意算盘。吴起所主张的"义兵"是关于名誉的，相反商鞅所提出的"义兵"并没有什么道德名分，而是指不择手段地彻底结束战争的军队。"以战去战的军队才是真正的义兵"，这在反映秦国统一思想的《吕氏春秋》中有显著的体现。笔者承认，虽然商鞅无情无义，但是他所追求的"以战去战"的军队的确可以称得上义兵。商鞅所提出的主张很具体，因而人们理解起来也很容易。

　　那么，秦国是怎么做到屡战屡胜的呢？吴起从现实主义的立场出发，将作战目标修改为"土地争夺"，而商鞅则更彻底、极致地追

现存的咸阳城遗址 关中平原沿着渭水延展，它的左右有高山阻挡，东边入口处有崤山与华山阻隔，中间只有一条羊肠小道。秦孝公将秦国的都邑迁到了咸阳，而咸阳则是关中平原最辽阔的地方，从此秦国的野心一步步地膨胀起来了。

求这一目标，他将战争与本国人民的福利联系在了一起。只要战争取胜，就可以不断赏给百姓爵位，赏赐将领，而且秦国特别擅长索要赔款。在实现天下的内部化（即统一）之前，秦国永远都有赐给百姓与将领的爵位与土地。而这些东西来自哪儿呢？当然是来自其他国家了，于是秦国就必须不停作战，这正是一种追求膨胀至极限的帝国逻辑，也是一种策略，它也让秦国获得了广泛的支持，如同一只不停爬坡的车轮一般，不断获取动力。

　　实际上，如果把个人的自由视为历史发展尺度，那么法家的国家主义改革很明显是反动的。而当时最进步的思想家应当是庄子，因为他主张个人绝对的自由。虽然法家认为儒家很迂腐，但从儒家的个人自由观点来看，它比法家要进步得多。因为儒家主张少收税、尽量少驱使人们、尽量少发动战争。相反，法家所提出的由国家控制风俗、按照国家的要求征讨、强制驱使百姓、发动频繁的战争等主张，很明显都是退步的。甚至就连儒家的封建主义（分封主义），都与今天美国等国家所实行的联邦主义很类似。封建主义的确包含很多地方自治的因素，与在全国实行统一标准设置郡县的制度相比，按照当地风俗管理人们的主张，拥有更加反中心的、地方自治的色彩。

但正如商鞅所指出的，法与礼会随着时代的变迁而变化。在战国的实际情况下，商鞅的主张与改革颇具实效性。正如俾斯麦主张在普鲁士的主导下实现全德的统一一样，商鞅认为应当在秦国的主导下实现"内部化"，与其他复杂的说明相比，这种主张具有更加现实的说服力。商鞅把秦国人们变成了嗜血的豺狼，让他们主动走上战场。正如荀子所言，这是因为他们把人们变成了追求利益的"商人"，才会让他们主动走上了战场。商鞅的这些方法师承吴起与李悝，但他却将前辈主张中的道德色彩全部抹去，只剩下了简单明了的主张，而当这种主张遇上了拥有简单、明确目标的君主秦孝公时，便得以大放异彩。

那么，在经过刻苦的努力实现了将国家外部推向内部化的目标以后，也就是一统天下之后，国家又该何去何从呢？商鞅变法中没有答案。这既是商鞅变法的优势，也是它的局限。商鞅变法虽有助于取胜，但对于取胜之后的决策并没有任何裨益。原因正如上文中我们所揭示的那样，从个人自由这种进步的标准来看，法家的改革肯定带有反动色彩。所有的商品都有其有效期，改革也是如此，所有的旧制度都曾经是改革的结果。如果你向一位已经赚到盆满钵满的拳击选手讲什么"饥饿精神"，他肯定听不进去。总之，无论人还是国家，一旦失去动机就会没落，而假想的动机不会持续太久。

历史不喜欢原地踏步，新的体制一旦确立就会立即变成旧的体制，以后我们还会对这一问题进行讨论，本书接下来要以对变法之功用的探讨来作结。

补 论

战国时代论

——名分与现实的二重奏

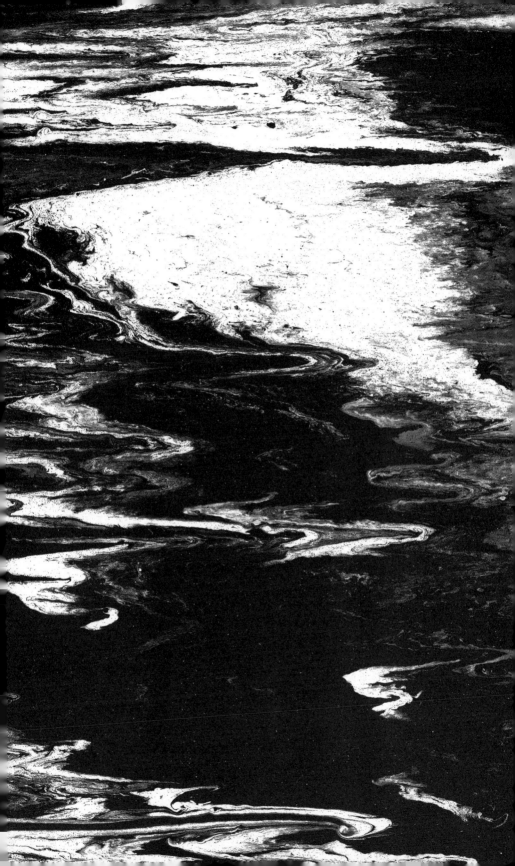

在此部分，笔者将通过两篇著名史论带领大家更加深入地解读战国时代。毋庸置喙，晋国的分裂是战国时代开始的标志，从此战国七雄的中原逐鹿正式拉开了帷幕。但是，古代史书中反复提及的周王室式微与战国时代的来临之间究竟存在怎样的关系呢？历史是实力与名分（意识形态）的二重奏，任何一方都不能被忽视，二者都受到彼此的影响。在阅读战国史时，由于表象与实际情况之间的差异，确实有很多地方令人感到费解，但只要我们搞清楚名分论与现实论，便能够找到平衡点了。本章中会涉及一些复杂的政治思想与政治问题，原本应该排列在著作的最前面，但考虑到读者读罢其他章节以后再阅读本章，会更有助于理解，因此笔者便将其安排在了最后。在本章中，读者不仅能了解到战国初期的一些具体改革，还可以感受到魏文侯麾下各色人物的出众能力。

1. 司马光的名分论——天子不可以失去名、分

世界上篇幅最长的个人编纂史书《资治通鉴》以下面这句话为开端：

> 威烈王二十三年，初命晋大夫魏斯、赵籍、韩虔为诸侯。

公元前403年，距韩氏、魏氏、赵氏击败智氏、瓜分晋国已过去了五十年的时间。当时三个国家都已拥有各自的君主，但却没有对晋国公室采取任何手段，因为他们都不想独自背负以下犯上的罪名。

司马光赋予公元前403年以深刻的意义，将其确定为战国时代的起点，然后发表了在中国历史上最具影响力的、千古不朽的评论。时至今日，很多学者仍然将公元前403年作为战国时代的开端，也是依据司马光的这篇文章。《资治通鉴》卷帙浩繁，洋洋近乎三百卷，那么司马光是以什么为标准，将公元前403年确定为《资治通鉴》的起点的呢？答案是，司马迁认定战国时代开始的标准，正是"名分"。

下面就让我们通过《资治通鉴》战国部分的序文，来品读司马光的战国时代论。这段文字是司马光以呈给宋神宗的形式写成的，除部分事例以外，全文没有任何赘余之处。

　　臣光曰：臣闻天子之职莫大于礼，礼莫大于分，分莫大于名。何谓礼？纪纲是也；何谓分？君臣是也；何谓名？公、侯、卿、大夫是也。夫以四海之广，兆民之众，受制于一人，虽有绝伦之力，高世之智，莫敢不奔走而服役者，岂非以礼为之纲纪哉！是故天子统三公，三公率诸侯，诸侯制卿大夫，卿大夫治士庶人。

　　司马光接着指出，天子统治的手段是"礼"，"礼"的基础是"名"与"分"。

　　文王序《易》，以乾坤为首。孔子系之曰："天尊地卑，乾坤定矣，卑高以陈，贵贱位矣。"言君臣之位，犹天地之不可易也。《春秋》抑诸侯，尊周室，王人虽微，序于诸侯之上，以是见圣人于君臣之际，未尝不惓惓也。非有桀、纣之暴，汤、武之仁，人归之，天命之，君臣之分，当守节伏死而已矣。

　　司马光认为，所谓的"易姓革命"，只有同时满足四种条件才会发生：极度暴虐之人搞垮政治，出现极度仁德之人，所有的百姓都拥护新人，上天赐予新人以使命。换句话说，眼前的君主即便再暴虐，如果没有上天赐名，别人是不可以攻打君主的。因此，君主平日无论有任何的过错，君臣的关系永远是一种主从的关系。他接下来又解释说：

是故以微子而代纣，则成汤配天矣；以季札而君吴，则太伯血食矣。然二子宁亡国而不为者，诚以礼之大节不可乱也。故曰：礼莫大于分也。

夫礼，辨贵贱，序亲疏，裁群物，制庶事。非名不著，非器不形。名以命之，器以别之，然后上下粲然有伦，此礼之大经也。名器既亡，则礼安得独在哉？昔仲叔于奚有功于卫，辞邑而请繁缨，孔子以为不如多与之邑。惟器与名，不可以假人，君之所司也。政亡，则国家从之。

司马光指出，君王统治的基础在于"礼"，而"礼"的基础则是"名分"，那么凡是有违名分的举动都绝不能容忍，因为这本身会让统治本身丧失有效性。季札、微子的人品与能力都是一流的，但他们因自己并非嫡长子的缘故，而拒绝了王位。仲叔于奚虽立了大功，但孔子却以繁缨是诸侯的装饰为由，主张绝对不能赐给他。如果君王容忍别人不符合"分"的举动，政治就会倾覆。接下来司马光又具体地考察了"名"的问题。

卫君待孔子而为政，孔子欲先正名，以为名不正则民无所措手足。夫繁缨，小物也，而孔子惜之；正名，细务也，而孔子先之。诚以名器既乱，则上下无以相有故也。夫事未有不生于微而成于著。圣人之虑远，故能谨其微而治之；众人之识近，故必待其著而后救之。治其微，则用力寡而功多；救其著，则竭力而不能及也。《易》曰："履霜，坚冰至"，《书》曰："一日二日万几"，谓此类也。故曰：分莫大于名也。

前文的内容有些像道德教科书一般老生常谈，但接下来的内容却极具独创性。司马光认为，维护"名分"并非仅靠国家的力量，只要天子有果断、刚毅的意志，就依然可以维持建立在名分上的社会，而这正是微弱的周王室没有失去宗主地位的缘故。

　　呜呼！幽、厉失德，周道日衰，纲纪散坏，下陵上替，诸侯专征，大夫擅政。礼之大体，什丧七八矣。然文、武之祀犹绵绵相属者，盖以周之子孙尚能守其名分故也。何以言之？昔晋文公有大功于王室，请隧于襄王，襄王不许，曰："王章也。未有代德而有二王，亦叔父之所恶也。不然，叔父有地而隧，又何请焉！"文公于是乎惧而不敢违。是故以周之地则不大于曹、滕，以周之民则不众于邾、莒，然历数百年，宗主天下，虽以晋、楚、齐、秦之强，不敢加者，何哉？徒以名分尚存故也。

　　接下来司马光又指出了维持名分的方法。依他所言，名分一旦失去就永远无法恢复，因此，维护名分实际上就是维护实力。如果天子没有力量，也可以在名分的号召下借助他人的力量。
　　如今晋国大夫做出了越权之举，而为他们赋予正当名义的正是天子，于是上下失序、烽烟四起的时代就来临了。司马光认为，如果天子真的想维护自己的统治，就应该拒绝他们的要求。

　　今晋大夫暴蔑其君，剖分晋国，天子既不能讨，又宠秩之，使列于诸侯，是区区之名分复不能守而并弃之也。先王之礼于斯尽矣。或者以为当是之时，周室微弱，三晋强盛，虽欲勿许，其可得乎？是大不然。夫三晋虽强，苟不顾天下之诛而犯义侵礼，则不请于天子而自立矣。不请于天子而自立，则为悖逆之臣。天下苟有桓、文之君，必奉礼义而征之。今请于天子而天子许之，是受天子之命而为诸侯也，谁得而讨之！故三晋之列于诸侯，非三晋之坏礼，乃天子自坏之也。

> 呜呼！君臣之礼既坏矣，则天下以智力相雄长，遂使
> 圣贤之后为诸侯者，社稷无不泯绝，生民之害糜灭几尽，
> 岂不哀哉！

司马光认为，当天子放弃名分时，战国时代就正式来临了，而百姓也濒临死亡的境地。

那么，这里我们当然可以提出质疑，难道真的是天子放弃了名分的缘故，才让战国时代烽烟四起吗？还是说正如有些人所主张的那样，是战争之火焚毁了名分呢？

笔者认为，司马光的主张有一半是正确的，有一半则是不妥的。"实力（下层结构）会约束名分（上层建筑），名分也会控制实力"的主张是正确的。但现实的情况是，某种变化从开始到达相当的程度，需要很长的时间。既然周王室仍然被视为诸侯之间利害关系的仲裁者，那说明周王室在诸侯之中仍然有充分的利用价值，这正是笔者之前所提到的，周王室在战国时代之所以能够圆滑地生存下来的理由。

但有些历史进程是不可逆转的，也就是说，历史有一些无法改变的规律与属性。首先，名分与实力之间存在差异，有时东风压倒西风，有时西风压倒东风，二者永远若即若离，这是很明显的。例如，今天的人们依照太阳历安排生产活动，依照太阴历而产生的一些风俗习惯就会衰退；人们依照今天的生产方式生活，就不能按士、农、工、商的阶层来区别彼此的身份。

因而司马光的"名分论"必须被一种新的"名分论"所取代。经过长时间的抗争，"统一论"在战国时代中期豁然显现出来。战国初期本书主人公吴起已经提出了"以战止战"的理论，但具体地发展了这种理论的却是秦国。我们很难在孔子与墨子的作品中找到统一的理念，孟子则提出了一种很模糊的统一概念，而《吕氏春秋》中却将统一非常具体地描述为在义兵主导下实现的统一。实际上，

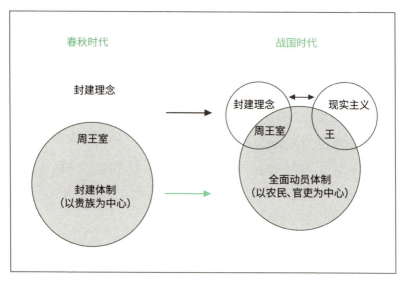

春秋时代   战国时代

封建理念

周王室

封建体制
（以贵族为中心）

封建理念 ↔ 现实主义

周王室   王

全面动员体制
（以农民、官吏为中心）

春秋向战国过渡时名分与实质的关系变化   春秋时诸侯之间名义上依然维持着以周王室为至尊的封建制度。到战国时代，追求富国强兵的现实主义理论与下层结构的变化相呼应，但封建理念依然存在，并对国家政策产生了影响。

秦国认为统一正义与否，结局会告诉人们答案，且大多数民众也已做好了接受统一的准备。

官僚制度下的直接统治即"郡县制"，打破了周王室宗法封建制的制度性意识形态。当初秦国设郡县制的意图，在于将封建制度中所蕴含的谋反危险性降到最低，防患于未然。关于这些问题，我们会在讲述秦国统一的过程中详细展开，在此我们着重来探讨名分论失去力量的原因。

首先，公元前 5 世纪天下形势发生了一个重要的变化：晋楚两强体制瓦解了，这直接导致了战国时代的来临。虽然司马光认为是宗主国周王室与其他诸侯国之间的关系变化导致了战国时代的到来，可事实并非如此，诸侯国之间的关系变化才是导致战国时代来临最关键的因素。从周朝秉承的治国理念来看，周王室不可能去操控诸侯国之间的关系，因为诸侯之间的关系是平等的，他们之间用力量决一胜负，周王室并不能介入。

两强体制崩溃的结果便是各个诸侯国从此走上了自顾自发展的道路，实际上有一个国家自春秋时代起就已经在自顾自地发展了，它便是西方的秦国。秦国原就不属于春秋会盟体系，它被称为"秦戎"。"秦戎"本就没有要接受春秋秩序的想法，但只要晋国存在一天，它就会阻挡秦国东进的道路，秦国便不能单独行动。因此秦国每每发动战事时，一般会选择与楚国联手，但楚国手中并没有掌控着东进的路径，秦国能从楚国获得的利益实际上是很少的。如今三晋竟然自行分裂了，这为"秦戎"的东进之路扫除了障碍。

在多边体制中，只要其中一方不肯接受旧有秩序，必定会出现"逐底竞赛（race to the bottom）"现象。在这种情况下，协商政治或会盟秩序是不能成立的。在晋楚两大强国的保证之下，秩序仍得以维持时，两大阵营有可能会签订合约，实际上两国的确曾多次签订天下休战协定（弭兵），但在两个认为彼此对等的国家之间绝不可能会签订这种协定。各诸侯国自顾自地发展，加重了"敌人有可能会先发制人"或是"同盟有可能会背叛我"的安全焦虑，这种安全焦虑导致了一种新理念的产生，即国家应集权于王室，也算是一种战时统治体制。

到了战国时代，国家对百姓的掌控力与日俱增。国家会直接授予百姓土地，并直接从百姓中间收税。随着战争与征用的规模日益扩大，产生了许多无法用名分解决的问题。农民被驱使参加战争，而统治者则要对战争的失败负终极责任。农民怎么会对周王室所提出的名分感兴趣呢？他们与士之间有着根本的区别，因为士大致会背诵《诗》《书》，而他们几乎目不识丁。随着战争规模的扩大，死伤者的人数也不断增加，许多人陷于死亡的恐怖之中，因此再次出现了依赖于国家力量的现象。

如今一些强大的国家在作战时已不再顾忌什么场合了。春秋末期吴国所采取的占领战、步兵战等战术，越国所采取的增加人口的政策，智伯瑶包围赵氏领地三年、誓要灭亡赵氏而采取的持久战等，都无法用原有的名分论解释。

世事沧桑，各诸侯国的力量又有哪些发展呢？下面我们再来阅读一段立足于现实的伟大史论。

2. 李悝的实力论——生产力即国力

下面让我们一起来阅读一篇古代经济政策的入门文章——《汉书·食货志》。在这篇文章中，对于春秋末期与战国初期的经济分析是这样娓娓道来的：

> 周室既衰，暴君污吏慢其经界[1]，徭役横作，政令不信，上下相诈，公田不治。故鲁宣公"初税亩"[2]，《春秋》讥焉。于是上贪民怨，灾害生而祸乱作。

班固指出，春秋时代中后期，周朝的土地理念即井田制几乎已经崩溃。鲁国虽国力不强，却一向以恪守周朝制度而自负，可到这时，就连鲁国都要放弃井田制了，其他诸侯国的情况必定有过之而

---

[1] 根据《孟子·滕文公》的记载，"经界"应当是指"井田的界限"。他说："夫仁政，必自经界始。经界不正，井地不均，谷禄不平，是故暴君污吏必慢其经界。[行仁政，一定要从划分、确定田界开始。田界不正，井田（的面积）就不均，作为俸禄的田租收入就不公平，因此暴君污吏必定要搞乱田地的界限。]"

[2] 《左传》的原文为"初税亩"（发生于公元前594年），"亩"是一种面积单位，"初税亩"翻译成白话文就是"第一次按照土地亩数征税"。可问题在于向谁的土地征税呢？原本在井田制度下，只要征收公田的赋税即可，所以"初税亩"的意思就是首次直接向农民耕作的土地征收赋税。从《左传》的上下文来看，根据土地面积征税是为了防备战争，因为单纯依靠公田的税收根本无法满足战争的需求。孔子写文章讨伐这种行为，认为它破坏了井田制，让百姓的生活更加疲敝。（参照《春秋战国·第三卷·问鼎中原》）

无不及。公元前 403 年以前，社会的下层结构已然发生了变化，接下来时代要向战国过渡了。

> 陵夷至于战国，贵诈力而贱仁谊，先富有而后礼让。是时，李悝为魏文侯作尽地力之教，以为地方百里，提封九百顷，除山泽、邑居参分去一，为田六百万亩，治田勤谨则亩益三升，不勤则损亦如之。地方百里之增减，辄为粟百八十万石矣。

"尽地力"可以有两种解释，首先，它可以指扩大耕地面积。文中说方圆百里的土地中有三分之二是耕地，考虑到魏国地形复杂，山地、溪谷、平原相混杂的情况，这一比例已经相当高了。大概只有将所有可开垦的土地全部开垦了，才能达到这一数值。这一内容与《商君书》中所指出的秦国"人不称土地"与魏国"土狭而民众"的情况是一致的。其二，"尽地力"可以指提高土地单位面积的产量，这一点在原文中也有体现：如果勤奋耕作，就会比平均（1.5 石）多生产 20%（3 斗）[1]，如果不勤奋耕作就会少生产 20%。

这里我们需要重视的一点在于国家直接向农民授予土地，且根据其生产量收税。不仅如此，国家还会掌控粮食的价格和分配。李悝继续说：

> 籴甚贵伤民，甚贱伤农。民伤则离散，农伤则国贫，故甚贵与甚贱，其伤一也。善为国者，使民毋伤而农益劝。今一夫挟五口，治田百亩，岁收亩一石半，为粟百五十石，除十一之税十五石，余百三十五石。

---

[1] 一升的量很微不足道，实际上这里的单位应当是"斗"才对（参照朴启秀等译，《史料中的中国社会经济史》，青于蓝传媒，2005，317 页，参照颜师古注）。

李悝认为，国家应当调节粮食的价格，使城市居民与农民都能够维持生计。那么，国家究竟应采取怎样的政策呢？原文接下来列举了很多复杂数值，请读者参考。

　　　　食，人月一石半，五人终岁为粟九十石，余有四十五石。
　　石三十，为钱千三百五十，除社闾尝新、春秋之祠，用钱
　　三百，余千五十。衣，人率用钱三百，五人终岁用千五百，
　　不足四百五十。不幸疾病死丧之费，及上赋敛，又未与此。
　　此农夫所以常困，有不劝耕之心，而令籴至于甚贵者也。
　　　　是故善平籴者，必谨观岁有上、中、下孰。上孰其收自四，
　　余四百石；中孰自三，余三百石；下孰自倍，余百石。

　　国家为什么要采取这种措施呢？其目的在于使粮价维持在一定的水平，预防饥荒。

　　　　小饥则收百石，中饥七十石，大饥三十石，故大孰则
　　上籴三而舍一，中孰则籴二，下孰则籴一，使民适足，贾
　　平则止。小饥则发小孰之所敛、中饥则发中孰之所敛、大
　　饥则发大孰之所敛而粜之。

　　这就是李悝所提出的"平籴法"①，对于这一政策的意义，李悝解释说：

---

①　当然，如果我们仔细研究平籴法的数值，就会发现它其实并不精确。首先，日常耗费中并没有将生产原料，即种子与生产工具计算进去，而衣物的耗费太高。另外，小饥荒时所需要的粮食量与下孰时储存的粮食量也不可能完全相同。班固在此只想大致地说明平籴法的意义，因此所有数值不可能很精确。

故虽遇饥馑、水旱，籴不贵而民不散，取有余以补不足也。

李悝在魏国实行了这一政策以后，魏国果真富强起来了。

我们应当透过上文罗列的一些数字，解读其中蕴含的一些信息。首先，我们会知道，魏国希望通过增产解决农民所亏空的部分。李悝认为，通过增产的措施，每亩可以多收获三斗。只要农民勤勉耕种，便可以用增产的三十石填补不足的十五石，而"尽地力之教"的宗旨就在于国家要督励增产。《管子》《孟子》中都记载有"丰年时连牲畜都吃粮食，而荒年时饿殍满地"的现象，这证明国家的粮食储备政策很失败。

粮食是一种特殊产品，一个人再怎么饿也只能吃固定的量，而只要几顿饭不吃，人就有可能丢了性命，所以说粮食需求量的弹性是很小的。丰年时粮食价格暴跌，甚至成了家畜的饲料，而荒年时粮食价格又会暴涨，有钱也买不到。因此丰年时农民受损，荒年时城市居民受损，所以国家要承担起一座大粮仓的作用。如果国家成为一座巨大粮仓，那么城市居民的命脉几乎就都掌握在国家的手中了。众所周知，荒年时农民填不饱肚子，也必须依靠国家这座大型的仓库。掌控老百姓吃食的，就变成了国家。

《史记·六国年表》中记载，公元前408年，秦国"初租禾（按照田禾收入的多寡而收取租税）"，司马迁将这一政策的登场视为一座重要的里程碑，因而将其记载在了《六国年表》之中。从当时制度的变革方向来看，秦国极有可能参照了魏国的制度。从此，国家对于百姓的生产成果的控制更加严格了。为何这种趋势会不断持续下去呢？因为只有国家富有了（拥有军粮），掌控了农民（拥有士兵），才能进行战争。

下面我们来概括总结一下上文的观点。李悝认为：国家应当确保国土的三分之二用于耕地（当然并非全部土地都要这样）；国家应当督励农民勤勉耕种，以实现增产 20% 的目标；国家应当成为一座巨大的仓库，控制城市居民与农民的收入与支出。

那么，要扩大绝对耕地的面积，提高土地的生产量，国家又要做出哪些努力呢？

首先，国家应当控制好水，因为水是决定粮食收成是丰年还是荒年的关键。下面我们通过一段故事来了解一下魏文侯的臣子西门豹用怎样的方法解决了水的问题。这段故事出自《史记·滑稽列传》。

> 西门豹即发民凿十二渠，引河水灌民田，田皆溉。当其时，民治渠少烦苦，不欲也。豹曰："民可以乐成，不可与虑始。今父老子弟虽患苦我，然百岁后期令父老子孙思我言。"至今皆得水利，民人以给足富。十二渠经绝驰道，到汉之立，而长吏以为十二渠桥绝驰道，相比近，不可。欲合渠水，且至驰道合三渠为一桥。邺民人父老不肯听长吏，以为西门君所为也，贤君之法式不可更也。长吏终听置之。故西门豹为邺令，名闻天下，泽流后世，无绝已时，几可谓非贤大夫哉！

当时的人们认为，得到灌溉的耕地收成是普通耕地收成的两倍，向农民授予土地时也以此为标准。于是国家发动大规模的人力修建灌溉设施，土地的生产能力提高到了原来的两倍。而为了更加深耕细种这些土地，就需要投入更多的农民。当然，由于灌溉设施的修建，越来越多的荒地被开垦出来，绝对耕作面积肯定相应扩大了。战国时代，许多国家就修建水库与水渠的问题展开了激烈的竞争，像秦国这样位置偏远的国家，甚至还引进了"外国"的专家。[1]

① 例如，战国时代末期，韩国人郑国就来到秦国，着手修建大规模的水利工程，力图将泾水、渭水引到关中平原。郑国原本的意图是让秦国专注

国家所采取的增产措施当然不止这些，往往还会通过平整现有土地的方式来增产，关于这一点我们可以通过几份史料来确认。《战国策·秦策》中秦国蔡泽的言论中就有商鞅"决裂阡陌"的句子[1]，《史记·秦本纪》与《史记·商君列传》中也有"为田开阡陌"的记载。《汉书·食货志》中对商鞅的政策进行说明时，使用了"坏井田，开阡陌"的说法，而董仲舒的奏折中也出现了"除井田，民得买卖，富者田连阡陌，贫者无立锥之地"的言论。虽然历代学者对于"开阡陌"的解释莫衷一是，但阡陌的意思是确定的，即土地之间的道路，或是由水渠所划分的土地界限。出土于四川省青川县秦墓的木牍上就有"以秋八月，修封捋（埒），正疆畔，及癹千（阡）百（陌）之大草"的句子。从《食货志》与这些记载来看，阡应当与"千"有关，而陌应当与"百"有关。

　　据此笔者大胆推测如下：在井田制下，每户耕种方圆百步，也就是百亩土地，土地横向、纵向都是按照百步来规划的。而阡陌则是用横向百步、纵向千步的标准来规划的，这比井田制度下的土地规模要大十倍。董仲舒说的"富者田连阡陌"，强调的就是富人所拥有的土地规模，是井田制度下根本无法想象的，而这就是一种大规模的平整耕地作业。在既有的井田制度下，开展大规模的开垦活动和积极迁徙百姓，都有着局限性，而且土地上田埂所占的比例太高了，在这些切成小块的土地之间，无论是搬运粮食还是进行牛耕都很不方便。

　　这意味着战国时代的诸国都不再执着于名分，他们深深地明白，生产力就是国力。我们需要铭记的是，这场改革的弄潮儿是魏文侯，

（接上页）于水利事业，消耗秦国的力量。但秦国在了解了这一点之后，依然完成了水渠的修建，将水引到了关中平原的荒地之上，并以此获得大面积的耕地，人们将这条水路称为"郑国渠"。

[1]　后文说明平整耕地部分的引文，摘录自高敏《从云梦秦简看秦的土地制度》，《云梦秦简初探》（河南人民出版社，1981）中整理的内容。

因为他任用了吴起，企图改变天下的版图，让天下以魏国为中心。当魏文侯制定好了宏伟蓝图时，他的麾下便聚起了一帮灿若繁星的人才。

3. 铁器登上历史舞台

春秋末年一场物质革命徐徐拉开了序幕，并持续地发展了下去，它无声无息却又切切实实地改变了周王室所提出的名分论。这场革命还是一种标志，名副其实地逆转了东方与西方的技术文明，它就是冶铁术。下面我们来简单地回顾一下战国以来铁器生产技术的发展史。

殷墟商朝末年的墓葬中就曾出土过铁刃剑，但它似乎并不是用冶金技术制作而成的。从近年来考古学的成果来看，至少在西周末年，中国就已开始使用铁器。西周末年虢国墓中出土的铁刃铜剑，技术已经达到相当高的水平。至春秋末年，铁制的礼器与武器似乎已经很常见了，例如，湖南省长沙杨家山春秋末期墓中出土的铁剑与铁鼎，河南省淅川春秋末年墓中出土的铁剑等都属于此类。但是我们要关注的焦点是铁制的生产工具。

在考察铁器之前，我们先来考察一下青铜器。青铜器通过冶铜工艺制作而成，造价昂贵，青铜有没有被用来制作农具或生产工具呢？当然有，青铜的确曾被用来制作农具。笔者曾经亲眼见过陕西省岐山出土的战国时代犁头，它就是用青铜制作而成的，而湖北省铜绿山出土的采掘工具大部分也都是用青铜制作而成的。但是，把青铜器当作农具使用仍然是一种浪费，除非土地硬度特别大，或者是青铜矿产很丰富的地方，否则使用木器或石器工具肯定更加经济实惠。与冶炼青铜时所耗费的大量劳动相比，青铜工具的效率并没有那么高。所以青铜农具虽不易腐烂，可是出土的数量却极少。

玉柄铁剑（上）与青铜犁头（下）
到春秋末年，铁制的礼器与武器似乎已很常见。玉柄铁剑出土于河南省虢国墓，是西周时代制作而成的中国最早的冶炼铁器；青铜犁头出土于陕西省岐山，是战国时代的农具（陕西历史博物馆藏）。

我们要关注的焦点，仍然在于铁。与铜矿石相比，铁矿石的分布更加广泛。作为一种更加先进的生产工具，铁制农具何时产生、何时普及，是经济史研究中的一项重要课题，原因就在于只要人们在生产中应用了铁制农具，土地生产能力必定会大幅上升一个层次。秦汉以来，中国的冶金技术在数量、质量上都超越了西方同时期的所有文明，这是因为中国人应用了一种方法，以提高熔矿炉的温度。那么，早在战国时代中国人究竟有没有生产出这种高质量的铁呢？如果曾经生产过，那么它又对农具产生了怎样的影响呢？这些农具发挥了何种程度的作用呢？

从今天的考古学发现来看，战国时代初期，铁制农具还没有普及。[1] 当然，在没有铁制农具的帮助下，大规模的开垦也是有可能发生的。春秋战国时代的交通、通信根本没有办法与现在相比，我们不能用今天的标准去揣度一种新技术的传播速度。但我们不能认为，

---

[1] 后德俊，《楚国铁器以及对农业生产的影响》，《农业考古》，1984 年第 2 期。

古代中国人并没有预见铁器会改变世界，因为中国是全世界最早发明冶铁技术与机制并大量生产铁器的国家。

众所周知，铁矿石虽然常见，但从铁矿中提炼出的铁，如果没有经过高温下冶炼、去除杂质、调节碳含量的过程，那么它只不过是一块坚硬的石头罢了。事实上，要彻底熔化纯铁需要 1500 摄氏度以上的高温，青铜根本没法与之相比，因为青铜的熔点只有 800 摄氏度。在低温下获得的铁块几乎没有什么韧性，将其铸造成农具也很容易断裂。因此，人们需要反复锻造，不断改良铁的成分，但这一过程所需的费用是巨大的。因为铁的缺点就是必须在高温之下才能够熔化，那么战国时代的中国人真的能够克服这一技术难题吗？毕竟当时世界上其他地区还没有任何一种文明能够攻克这一难题。

山西天马晋国遗址中出土的春秋初期与后期的两片铁片是白口生铁。白口生铁硬度很高，但韧性很差，并不适合做农具。而洛阳水泥制品厂战国早期灰坑出土的铁铲，却属于韧性铸铁，这也是全世界迄今为止发现的年代最早的韧性铸铁。[1]除此以外，湖北省铜绿山铜矿采掘场中也发现了使用一种被称为"白心可锻"的韧性铸铁制造而成的锄头。由此可知，位于中原的洛阳是春秋战国时代技术发展的中心，隶属于楚国的铜绿山一带虽然位置比较偏僻，但也都应用了可锻铸铁的技术。

那么可锻铸铁的发现为何在铁器历史上如此受关注呢？首先，这是因为铁器放入铸模铸出意味着铁器的大规模制作、生产。其次它的抗张力很强，可实现锻造，就说明它已经超越了青铜。要生产出这种铁，首先要有高温液态的铁，而不是低温不纯的铁块。当时的人们应该也使用了高温的熔炉，因此需要改造向熔炉中注入氧气的技术。当时人们究竟应用了怎样的技术我们已不得而知，但我们

---

① 李恒全等，《铁农具和农耕导致春秋战国土地制度变革说质疑》，《中国社会经济史研究》，2005 年第四期。

可以通过后来的例子举一反三。汉朝时，人们借助大量家畜的力量转动风车，将高压风吹进熔炉，以此类推，战国时代也应该初步应用了类似的技术。

但仅将氧气吹进熔炉还不足以冶炼出强韧的铁，当时的人们还需要懂得一种柔化技术，以减少铁矿石中的碳含量，增强铁的抗张力强度。所谓的柔化技术，是指在高温条件下，把铸铁与脱碳剂放在一起，使铸铁内部的碳渗出，并与脱碳剂相结合的技术，脱碳剂主要由铁矿石粉充当。古代中国人究竟怎样掌握的这项技术，至今还是未解之谜，但经过这样的过程的确可以制作出与今天几无二致的铁器。根据柔化时间的长短，人们还可以随意调节铁的强度。要知道，西方在两千年以后才懂得用高压送风与脱碳柔化等技术制造出可锻铸铁，由此可知这项技术在当时是多么先进了。

春秋末期至战国初期，主要诸侯国的领导人已经预感到铁要代替青铜。在当时，能够做到投入庞大的人力、物力，通过反复的实验来发展技术的机构只有国家。正如青铜器时代，青铜器的生产由国家垄断一样，汉朝时铁器的生产也彻底被国家垄断，其中当然有统治者通过铁器加强统治能力的意图，但制铁时需要投入大量的设备与劳动力、畜力，除国家以外，其他任何单位也的确很难做到。所以，仅靠个体是无法从自然中获得高温的，而国家则通过高温生产出了强大的铁器，高温让国家更加强大，而国家也为了获得更高的温度而努力变得更强，二者之间相互刺激。总之，战国时代铁制农具虽然还没有普及，但制铁的技术已经萌芽，通过技术提高生产力的科学精神则是战国时代所创造出的新潮流。

主要国家诸侯在位年表

年份	东周	秦	齐	楚	晋	赵	魏	韩	燕
前460			平公						孝公
前455									
前454					出公				
前453		厉共公				桓子			
前452	贞定王								
前451				惠王					成公
前445						襄子		康子	
前442					哀公				
前440									
前438		躁公							
前433	考王								
前431			宣公						
前428					幽公				闵公
前425		怀公							
前424						桓子			
前423		灵公		简王			文侯		
前415								武子	
前414						献侯			
前410									
前408	威烈王								
前407		简公			烈公			景侯	
前404				声王					简公
前401						烈侯			
前399			康公						
前395	安王	惠公		悼王				烈侯	
前388					桓公		武侯		
前386		出子				敬侯		文侯	

201

年份	东周	秦	齐	楚	晋	赵	魏	韩	燕
前384									
前383			康公	悼王	桓公	敬侯	文侯		
前380				肃王		武侯		文侯	
前379	安王		姜齐灭亡田齐开始		静公		武侯		简公
前376		献公							
前375			田剡					哀侯	
前374	烈王				晋国灭亡				
前370								懿侯	
前369			桓公	宣王		成侯			
前368									桓公
前362	显王								
前361									
前356		孝公						昭侯	文公
前349			威王	威王		肃侯	惠王		
前339									
前337		惠文王							
前334									
前332								宣惠王	易王
前328			宣王	怀王					
前325						武灵王			
前324									燕王哙
前320	慎靓王						襄王		
前319								襄王	
前318		武王							
前314									昭王
前311	赧王								
前310									
前307		昭襄王	湣王						
前306									
前301				顷襄王		惠文王	昭王	釐王	
前300				襄王					惠王
前298									
前295									
前283							安釐王	桓惠王	武成王
前278									
前276									
前272									
前271									

年份	东周	秦	齐	楚	晋	赵	魏	韩	燕
前265			襄王						
前264	赧王			顷襄王					武成王
前262		昭襄王							
前257									孝王
前256	周亡					孝成王	安釐王	桓惠王	
前254									
前250		孝文王		考烈王					
前249		庄襄王							
前246									
前244									
前242			齐王建			悼襄王	景湣王		
前238								韩王安	燕王喜
前237				幽王		赵王迁			
前235									
前227		秦王政（秦始皇）		楚王负刍			魏王假	韩国灭亡	
前225						代王嘉	魏国灭亡		
前223				楚国灭亡					
前222						赵国灭亡			燕国灭亡
前221			齐国灭亡						

主要事件

年份	事件
前 453	韩、魏、赵在晋阳打败智伯瑶，瓜分了智氏领地。
前 410—前 400	吴起攻打西河，封锁了秦国向东的出口，威胁关中。
前 403	韩、魏、赵获得了周王室的承认，正式成为诸侯。
前 381	吴起流亡楚国，并试图在楚国变法，最终死于楚国。
前 364	秦魏战于石门，秦国大获全胜，取六万魏军士兵首级。
前 356	商鞅在秦国变法。
前 352	齐国在桂陵大败魏国。
前 352	商鞅越过黄河降服安邑。
前 341	齐国孙膑在马陵生擒魏国太子申，迫使庞涓自杀。
前 340	商鞅攻打魏国，俘获公子卬。
前 338	秦国诬陷商鞅谋反，并处死了他。

图书在版编目（CIP）数据

春秋战国．第 7 卷，战国七雄／〔韩〕孔元国著；高文丽译．—上海：上海三联书店，2023.1

ISBN 978-7-5426-7942-0

Ⅰ.①春… Ⅱ.①孔…②高… Ⅲ.①中国历史—春秋战国时代—通俗读物 Ⅳ.① K225.09

中国版本图书馆 CIP 数据核字（2022）第 218062 号

春秋战国·第七卷·战国七雄

著　　者／〔韩〕孔元国
译　　者／高文丽
责任编辑／王　建
特约编辑／苑浩泰
装帧设计／鹏飞艺术
监　　制／姚　军
出版发行／上海三联书店
　　　　　（200030）中国上海市漕溪北路 331 号 A 座 6 楼
邮购电话／021-22895540
印　　刷／三河市延风印装有限公司
版　　次／2023 年 1 月第 1 版
印　　次／2023 年 1 月第 1 次印刷
开　　本／960×640　1/16
字　　数／128 千字
印　　张／14.75

ISBN 978-7-5426-7942-0/K·694

定　价：49.80元

춘추전국이야기 7 春秋战国 7
Copyright © 2014 by 공원국 孔元国
All rights reserved.
Original Korean edition published by Wisdom House, Inc.
Simplified Chinese copyright © 2023 by 北京凤凰壹力文化发展有限公司
Simplified Chinese language edition arranged with Wisdom House, Inc.
Through 韩国连亚国际文化传播公司

著作权合同登记号　图字：10-2021-442 号